© Flammarion, Paris, 2011
87, quai Panhard-et-Levassor
75647 Paris Cedex 13

Tous droits réservés
ISBN : 978-2-0812-4339-2
n° d'édition : L.01EBNN000211

ERICK SURCOUF

TRÉSORS
TERRESTRES & SOUS-MARINS
Ces fabuleux trésors et leur chasse effrénée

ARTHAUD

Sommaire

TRÉSORS TERRESTRES

- 10 **Le trésor de Troie**
- 16 **Le trésor des Wisigoths**
- 20 **Le trésor des Templiers**
- 34 **Le trésor des Incas**
- 46 **Le trésor de Rennes-le-Château**
- 52 **Le trésor de Toutankhamon**
- 62 **Les trésors bénéfiques et maléfiques**
- 68 **Le trésor des tsars**
- 74 **Le trésor nazi**

TRÉSORS SOUS-MARINS

- 84 **Les galions espagnols**
  - 86 La *Girona*
  - 92 Le *Nuestra Señora de Atocha*
  - 97 Le *Nuestra Señora de la Concepción*
  - 107 Le *Nuestra Señora de las Maravillas*
  - 112 La baie de Vigo
  - 120 Le *San José*
- 124 **Les caraques portugaises**
  - 126 Le *Flor do Mar*
  - 129 La *Cinque Chagas*
- 134 **Les flûtes hollandaises**
  - 136 Le *Geldermalsen*
- 140 **Les vaisseaux anglais**
  - 142 Le *Grosvenor*
- 148 **Les vaisseaux français**
  - 150 Le *Soleil d'Orient*
- 154 **Les jonques chinoises**
  - 156 Le *Vung Tao*
  - 159 Le *Tek Sing*
- 162 **Les navires américains**
  - 164 Le *Central America*
- 170 **Les navires modernes**
  - 172 Le *Laurentic*
  - 176 L'*Egypt*
  - 179 Le *Niagara*
  - 183 L'*Edinburgh*

Là où est votre trésor,

Je trouve que « trésor » est un mot magique. Pourtant, ce mot est très décrié par les archéologues officiels, qu'ils soient terrestres ou sous-marins, qui ne semblent plus savoir s'émouvoir devant une trouvaille. Quelque part, au fond de chacun d'entre nous existe encore l'enfant qui rêvait de trouver un trésor au fond de son jardin. On sait que depuis la nuit des temps, ce simple mot a exercé sur les hommes une fascination étrange allant jusqu'à perturber leur comportement. Certains, dont la vie avait été un exemple de sérieux et de respectabilité, sont devenus comme fous et ont quitté du jour au lendemain leur « situation » (quel terme affreux !) pour se lancer dans la folle aventure, jetant aux orties leurs sages habitudes.

Le mot vient du latin *thesaurus*, qui signifie « provision », « thésaurisation » et le dictionnaire donne du mot cette définition : « ensemble de choses précieuses mises en réserve » (Petit Larousse) ou « réunion de choses précieuses amassées pour être conservées, généralement en les cachant » (Petit Robert). Quant à la législation française, elle offre une définition quelque peu différente et plus complète : « toute chose cachée ou enfouie sur laquelle personne ne peut justifier de sa propriété, et qui est découverte par le seul effet du hasard » (article 716 du Code civil), ce qui limite quelque peu la capacité d'action de celui qui le découvre et que l'on appelle l'« inventeur ».

Mais alors, comment qualifier de « chercheur de trésors » celui qui va, préalablement à son opération de fouilles, étudier dans les dépôts d'archives, les bibliothèques, les cadastres, les cartes d'état-major, les photographies aériennes, la toponymie, les légendes, les traditions et les informations orales ayant trait à ces trésors, ce même chercheur devant utiliser ensuite toute une panoplie d'instruments électroniques sophistiqués pour localiser puis récupérer les trésors, afin, justement, de laisser le moins de place possible au hasard ?

Un trésor peut être considéré sous deux angles différents : celui du propriétaire du terrain où il se trouve, pour qui un trésor peut être n'importe quel objet auquel il attache suffisamment de valeur sentimentale ou financière et celui de l'inventeur (le découvreur) pour qui un trésor revêt plutôt un aspect financier et historique.
Une autre question se pose : à partir de combien de vestiges découverts peut-on parler de « trésor » ? Une seule pièce de monnaie ne peut-elle, à elle seule, représenter un « trésor » pour son découvreur ?

Erick Surcouf, alors qu'il vient de récupérer un plat de la dynastie Yuan (1260-1368) sur une jonque chinoise en Indonésie.

là aussi sera votre cœur…

La Bible, Nouveau Testament, Luc, 12 : 34.

D'ailleurs, la valeur des objets découverts diffère et évolue en fonction de l'époque où ils ont été utilisés. Il est probable qu'une hache en silex avait une plus grande valeur pour l'homme préhistorique qu'elle n'en a pour nous aujourd'hui. Il en va de même pour les objets en bronze utilisés à l'époque protohistorique.

Tout trésor est un indicateur historique, conséquence d'un danger, d'une guerre, d'une invasion, d'une révolution.
On sait par exemple qu'en 1940, lors de l'avancée allemande et de l'exode massif qui s'en suivit, environ trois millions de trésors (vaisselle, objets pesants de bronze, de cuivre ou d'argent, objets d'art, toiles de maîtres, lingots et monnaies d'or) furent cachés en Flandre, en Wallonie, en Picardie et en Artois. Hélas, nombre de ceux qui partirent ne revinrent pas, laissant ainsi derrière eux autant de trésors cachés.

Les épaves de navires sont de véritables « mémoires englouties » et des « capsules de temps » qui ne demandent qu'à être ranimées, et qui offrent au regard, des siècles plus tard, tous les détails de la vie d'une époque, à un moment donné très précis, le jour du naufrage. Or, à chaque naufrage ou presque correspond un trésor, le coffre du bord renfermant toujours au moins quelque numéraire.

Au seul mot de « trésor », on imagine des coffres dégoulinant de pièces d'or et d'argent et de bijoux étincelants, mais pour moi, la définition en est beaucoup plus large. Un trésor, ce ne sont pas uniquement des objets, des pièces de monnaie, des lingots, des bijoux, des pierres précieuses, des porcelaines… C'est une succession de moments qui n'ont pas de prix, depuis le premier instant où j'entends parler d'une cache ou d'une épave jusqu'au dernier regard sur le site, après la fouille, lorsque la terre ou la mer referme la parenthèse.
C'est quand j'ai en ma possession la première information recueillie, après plusieurs années de recherches au fond de dépôts d'archives, dans un dossier poussiéreux qui porte encore le cachet de cire d'origine.

C'est quand mon archiviste exhibe la copie d'un procès-verbal manuscrit, difficilement déchiffrable, écrit en vieil espagnol ou en vieux portugais du XVIe ou du XVIIe siècle et qui relate en détail le récit de la perte d'un galion ou d'une caraque sur un récif ne figurant pas encore sur les cartes marines enluminées de l'époque, que l'on appelait *portulans*. Ou quand il me montre le rapport d'assurance, écrit en vieux *françois* ou en vieil *anglois*, concernant des bijoux disparus mystérieusement dans une ancienne propriété et dont il soupçonne l'emplacement de la cache.
C'est quand j'arrive sur le lieu témoin de l'enfouissement ou du naufrage, que j'ai imaginé pendant des mois, penché sur de vieux documents.
C'est mon premier coup de pioche ou ma première plongée sur le site, quand je traverse enfin cette frontière entre le monde réel et celui du rêve, tel Alice au pays des merveilles passant à travers le miroir.
C'est quand je touche le premier objet, que ce soit une monnaie, une fibule, une ancre, un canon ou une pièce de huit réaux.
C'est quand je commence à organiser la campagne de fouilles avec mes experts et archéologues, tous vibrant du même enthousiasme.
C'est quand j'apprends que je vais pouvoir mettre en valeur, dans un musée, les différentes pièces de ce puzzle pour les montrer au public et surtout aux enfants.
C'est quand, enfin, je vais pouvoir projeter le film de l'expédition et publier le récit de l'aventure, afin d'emmener par la pensée le plus grand nombre de gens dans mes aventures et de partager avec eux mon rêve et ma passion pour les trésors.

Ce livre va vous révéler certains des plus grands et prestigieux trésors du monde. Ils ont une valeur marchande inestimable mais aussi d'autres valeurs culturelles, historiques et archéologiques. Le voile que je vous invite à soulever avec moi sur ces trésors entourés de secrets, de légendes et de superstitions, révélera peut-être chez vous la même passion qui m'habite depuis des années.

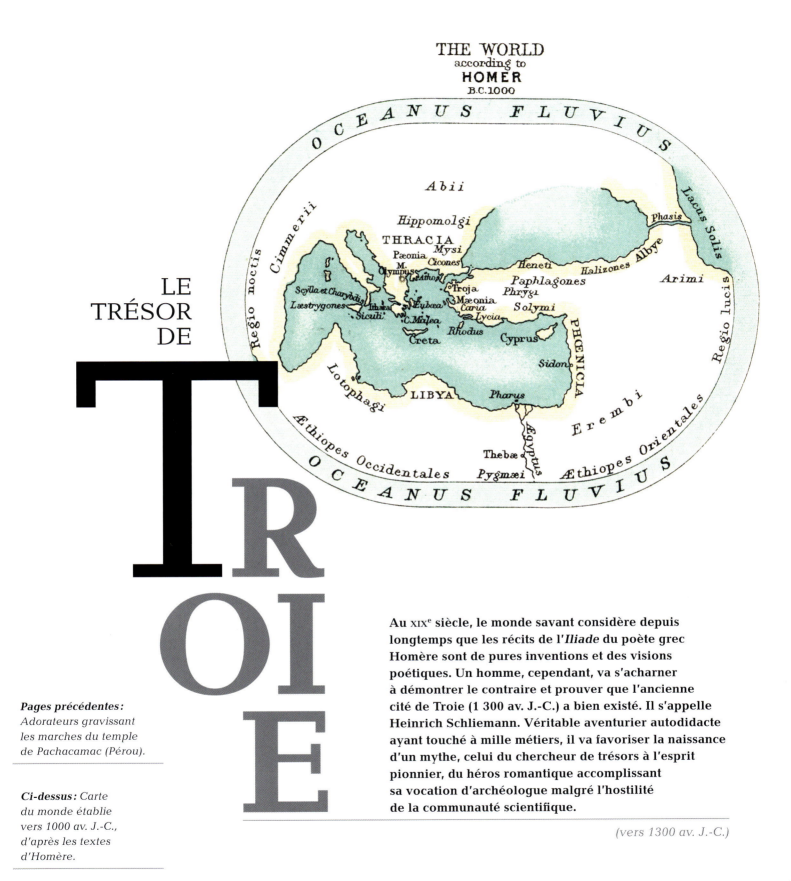

LE TRÉSOR DE TROIE

(vers 1300 av. J.-C.)

Au XIXᵉ siècle, le monde savant considère depuis longtemps que les récits de l'*Iliade* du poète grec Homère sont de pures inventions et des visions poétiques. Un homme, cependant, va s'acharner à démontrer le contraire et prouver que l'ancienne cité de Troie (1 300 av. J.-C.) a bien existé. Il s'appelle Heinrich Schliemann. Véritable aventurier autodidacte ayant touché à mille métiers, il va favoriser la naissance d'un mythe, celui du chercheur de trésors à l'esprit pionnier, du héros romantique accomplissant sa vocation d'archéologue malgré l'hostilité de la communauté scientifique.

Pages précédentes :
Adorateurs gravissant les marches du temple de Pachacamac (Pérou).

Ci-dessus : Carte du monde établie vers 1000 av. J.-C., d'après les textes d'Homère.

À gauche : Cassandre prédit la ruine de Troie, devant Priam et Pâris enfant (peinture murale, Pompéi).

Né le 6 janvier 1822 dans un petit village d'Allemagne, il est le fils d'un pauvre pasteur luthérien. Il commence à travailler à quatorze ans comme apprenti dans une épicerie. C'est là qu'il rencontre un meunier, souvent ivre, qui lui lit des vers de l'*Iliade* d'Homère. Lui qui se passionne depuis son plus jeune âge pour les exploits des guerriers d'Homère imagine qu'il serait possible, en se fiant aux descriptions de l'auteur, de retrouver les ruines de la légendaire cité de Troie, une ville antique située en Turquie, près des Dardanelles. À l'époque de l'âge de Bronze, elle était une cité phrygienne et ce n'est que bien plus tard qu'elle devient la légendaire ville de Troie conquise et mise à sac par les Grecs, vers 1200 av. J-C.

Assoiffé d'aventure, le grand large l'attire et, à dix-neuf ans, il s'embarque à Hambourg sur un bateau en partance pour l'Amérique du Sud. Il n'y arrive pas, car son bateau fait naufrage au large des côtes hollandaises. Après avoir manqué s'engager comme soldat, il devient garçon de bureau dans une maison de commerce hollandaise. Très intelligent, il exerce sa mémoire et occupe ses loisirs à l'apprentissage des langues. Il maîtrise ainsi, en quelques mois, l'anglais, le français, le portugais et l'italien. Puis il se met à apprendre le russe et son patron l'envoie à Saint-Pétersbourg comme correspondant. En 1847, il a vingt-cinq ans et fonde sa propre maison de commerce, qui devient vite florissante. En 1850, il part en Californie à la recherche de son frère décédé. Après s'être frotté à la recherche d'or, il crée une entreprise qui fournit du matériel aux chercheurs d'or et leur prête de l'argent, à douze pour cent d'intérêt par mois ! Il s'associe à un banquier de San Francisco et, lorsqu'il repart de Californie deux ans plus tard, il a accumulé une fortune de trois cent cinquante mille dollars. Il retourne en Russie et se met à apprendre le grec moderne et, en 1858, le latin. Il entreprend des voyages en Suède, au Danemark, puis parcourt l'Orient, en passant par le Nil, Le Caire et Jérusalem ainsi que l'Asie, via l'Inde, la Chine et le Japon, puis dissout sa maison de commerce de Saint-Pétersbourg. « À la fin de 1863, je me trouvai en possession d'une fortune à laquelle mon ambition n'aurait jamais osé prétendre », écrit-il.

Il voyage à Moscou, en Bavière et en Suisse. Il s'installe à Paris ; on le retrouve étudiant à la Sorbonne, où il suit des cours de langues orientales, apprend le sanscrit et se forme à l'égyptologie.

Après un voyage en Italie, passant par Rome, Naples et Pompéi, où il s'intéresse particulièrement aux vestiges de l'ancienne cité, il débarque le 6 juillet 1868 sur l'île grecque de Corfou et atteint ensuite Athènes.

Il est maintenant décidé à retrouver l'ancienne Troie et veut vérifier les dires d'Homère, qu'il lit dans le texte et dont il peut réciter, par cœur, des passages entiers. Contrairement à l'avis des savants historiens modernes de son époque, qui placent la mythique cité de Troie sur la colline de Bunarbaschi, Schliemann veut suivre la description donnée par Homère et place la cité sur la colline d'Hissarlik.

Ci-dessus : *Photographie d'Heinrich Schliemann (1822-1890).*

À droite : *L'épouse de Schliemann, Sophia Kastromenos, portant les bijoux en or de Troie.*

Plan général des fouilles de Troie établi par Schliemann (1876).

En 1869, il est naturalisé Américain, divorce de son épouse russe et se remarie à Athènes avec une jeune et jolie Grecque de dix-sept ans, Sophia Kastromenos. En avril 1870, à l'âge de quarante-huit ans, il entreprend l'exploration de la colline d'Hissarlik. Il est maintenant un millionnaire à la retraite et il peut consacrer tout son temps à sa passion.

Ceux qui croient que Troie existe réellement situent la ville sur une colline du nom de Bunarbashi. Mais Schliemann estime que ni son aspect ni sa situation ne correspondent à la description donnée par Homère dans l'*Iliade*. Le mont Ida doit être visible de la ville de Troie qui était plus près de la mer. Schliemann tente même l'expérience de courir autour de la colline pour vérifier l'histoire d'Achille poursuivant Hector autour des murs de la ville, mais il conclut : « Aucun mortel, pas même une chèvre, ne serait capable de descendre la colline au trot accéléré ! ». La colline d'Hissarlik correspond beaucoup mieux à la description d'Homère.

L'homme est un pionnier en archéologie. Il ouvre une série de chantiers qui font ressurgir le passé de la Grèce, qui ne remonte guère au-delà de 776 av. J.-C., lors des premiers jeux Olympiques.

Sur le chantier, cent cinquante ouvriers déplacent en moyenne trois cents mètres carrés par jour. De grandes tranchées sont ouvertes. Schliemann va retrouver, les uns au-dessus des autres, les vestiges de neuf cités, la Troie homérique étant la sixième de la pile, mais il ne le sait pas encore. De nombreuses poteries, des restes d'armes sont trouvés en quantité, mais point de « trésor ».

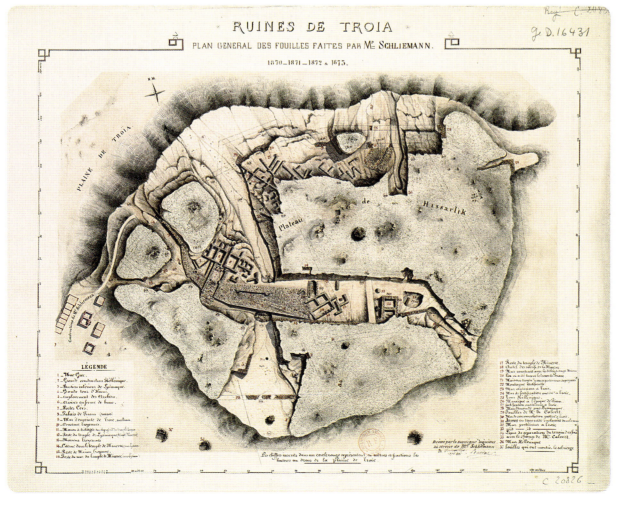

Le trésor de Troie 13

Ci-contre : La Mort de Priam *par J.-B. Regnault, 1785.*

Ci-dessous : Ruines de Troie, mises au jour par les fouilles entreprises par Schliemann entre 1870 et 1882.

À droite : Masque funéraire en or, dit d'Agamemnon (1500 avant J-C).

Schliemann croit que le deuxième niveau – en commençant à compter par le bas – correspond à la véritable Troie, car il y découvre des traces d'incendie, ainsi que mentionné dans l'Iliade. Cependant, les méthodes de datation ont montré que ce niveau était trop ancien. Arrivant à la fin de sa troisième campagne, et après avoir déplacé plus de deux cent cinquante mille tonnes de terre, Schliemann décide d'arrêter les fouilles le 15 juin 1873. La veille de son départ, poussé par une étrange intuition, le grand archéologue amateur décide, en compagnie de sa jeune femme passionnée comme lui par les récits d'Homère, d'inspecter une dernière fois le site des fouilles. Ils descendent dans la tranchée de neuf mètres de profondeur, arrivant à la base de la muraille que Schliemann prend, encore à cette époque, pour celle du palais de Priam, roi de Troie.

Soudain, il aperçoit au pied du mur quelque chose qui brille… L'ancien chercheur d'or de Californie n'a pas de doute, il reconnaît l'éclat du métal : c'est de l'or.

Conscient d'une découverte extraordinaire, il envoie tout de suite sa femme pour donner congé aux ouvriers qui s'affairent encore sur le chantier, car il veut être le seul à découvrir ce trésor qui lui est apparu par magie. Peu à peu, au fur et à mesure qu'il creuse, apparaissent des objets magnifiquement ouvragés en or – diadèmes, boucles d'oreilles, plaques, agrafes, chaînes, boutons, fils, serpents, etc. –, en tout deux cent cinquante objets qu'il va appeler le « trésor de Priam ». Il se garde bien de révéler sa découverte et emporte illégalement les pièces hors du pays, ce qui provoque la colère du gouvernement turc qui lui intime l'ordre de les restituer. Schliemann paye cinq fois la valeur de la somme qu'une procédure judiciaire aurait nécessité, et il peut ainsi revenir en Turquie poursuivre ses fouilles. Ce n'est que quelques années avant sa mort qu'il apprendra qu'en fait, ces bijoux ont dû appartenir à un couple royal disparu environ un millénaire avant le roi Priam. Il a creusé dans une couche trop basse. Le trésor de Priam sera exposé en 1877 à Londres, puis en 1881 à Berlin d'où il disparaîtra, en 1945, lors de l'avancée des troupes soviétiques. Il réapparaîtra en 1996, lors d'une exposition au musée Pouchkine de Moscou !

Dès février 1874, parallèlement à l'aventure troyenne, Schliemann commence des investigations à Mycènes. Il lui faut deux années de tractations et le support de nombreuses personnalités et archéologues pour obtenir enfin l'autorisation de fouilles. Encore une fois, contrairement aux théories énoncées par les archéologues d'État, il suit sa théorie basée sur les textes anciens et parvient à mettre au jour un cercle funéraire là où aucun savant n'imaginait qu'il pouvait se trouver. Il y découvre cinq tombes contenant de merveilleux trésors en or, armes, objets ciselés, coupes, sceaux, coffrets, ainsi que des masques en or dont le fameux « masque d'Agamemnon ». Ce masque, en fait, daterait de 1550-1500 av. J-C, une date antérieure à Agamemnon. Il est exposé aujourd'hui au musée archéologique d'Athènes. On y retrouve également des objets spectaculaires en ivoire, en argent et en céramique.
Toutefois, ces tombes sont plus anciennes qu'il ne le croyait (entre 1600 et 1510 av. J.-C.). Le rituel funéraire d'inhumation qu'elles révèlent ne correspond d'ailleurs en rien avec les pratiques décrites par Homère, où les cadavres étaient brûlés.
Les trésors de Troie trouvés par Schliemann sont exposés depuis le 18 décembre 1886 au Musée ethnologique de Berlin. Magnifique !

À la fin du IVe siècle apr. J.-C., les Wisigoths, peuple germanique d'origine scandinave, viennent des pays baltes et envahissent l'Europe occidentale. Arrivés en Italie, ils ravagent la province Etulia puis dévastent les deux côtés de la voie Flaminia, jusqu'à leur arrivée à Rome, en août 410.

(410)

LE TRÉSOR DES WISIGOTHS

Alaric I*er*,
*huile sur toile
de José Leonardo
(1605-1656)*.

Ci-contre: Lithographie en couleurs (c. 1900) représentant le siège de Rome par Alaric Ier (408-410).

Ci-dessous: Inhumation d'Alaric Ier dans le Busento.

À droite: Gravure d'Attila, le «fléau de Dieu».

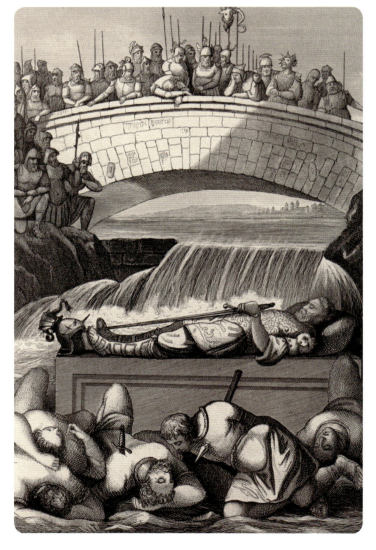

Leur roi, Alaric Ier «le Grand», les laisse piller la ville mais défend qu'on y mette le feu, comme c'est leur habitude. On sait qu'ils y trouvent des richesses très importantes, accumulées par les Romains depuis des siècles et en particulier une partie du trésor du Temple de Jérusalem volé par Titus aux Hébreux, en 70 apr. J.-C. Une bonne partie de ces richesses ont tout de même pu être cachées par les Romains avant l'arrivée des Wisigoths, car ceux-ci progressent à pied et relativement lentement. Puis, passant par la Campanie, ils descendent dans le Bruttium et atteignent la Lucanie, la Sicile et l'Afrique où ils continuent de commettre les mêmes ravages. Mais entre la Sicile et l'Afrique, plusieurs de leurs vaisseaux sombrent dans une tempête, avec toutes les richesses.

Alaric Ier ayant trouvé la mort peu de temps après, à la fin de l'année 410, les Wisigoths décident d'inhumer leur chef bien-aimé en Calabre, au sud de l'Italie, près de Cosenza. Pour que sa sépulture ne soit pas profanée, ils détournent de son lit le fleuve Barentinus, qui baigne la ville. Ils utilisent une troupe de prisonniers pour ensevelir le roi avec un nombre important d'objets précieux et de bijoux, ainsi que leur coutume l'impose. La mise en terre terminée, ils ramènent le cours du fleuve dans son lit initial afin de rendre l'endroit inviolable. Par mesure de sécurité, ils massacrent ensuite tous les fossoyeurs…

Le fleuve qui coule là s'appelle aujourd'hui le Crati mais c'est dans son affluent, le Busento, que le roi Alaric Ier dort encore avec son or et son argent.

Un cérémonial quasi identique va se dérouler plus tard, lors de la mort d'Attila, roi des Huns, en 453. En effet, son cadavre est enfermé dans trois cercueils, le premier en or, le deuxième en argent et le troisième en fer. On dépose à ses côtés des trophées pris sur ses ennemis, des colliers incrustés de pierres précieuses et d'autres objets de valeur. Son triple cercueil est ensuite immergé au fond de la Tisza, un affluent du Danube, en Pannonie (dans l'actuelle Hongrie). Comme pour le roi Alaric Ier, les prisonniers employés aux funérailles sont tués après.

Ces deux sépultures ont été longtemps recherchées, mais jamais retrouvées. Aujourd'hui encore, de grosses primes restent toujours offertes pour qui les découvrira.

Après la mort d'Alaric Ier, les Wisigoths retournent avec leur nouveau roi, Athaulf, piller ce qui peut rester à Rome, sans que les Romains ne manifestent la moindre opposition.

Les hypothèses sur les lieux des caches du trésor des Wisigoths sont très variées : les historiens le situent soit dans l'Aude, sur les flancs du Pech d'Alaric, soit près de Saint-Michel de Nahouse, soit aux environs de Fontcouverte, soit au château de Miramont ou encore au prieuré Saint-Pierre d'Alaric. Je pense, pour ma part, qu'il a été caché aux abords de Rennes-le-Château.

Le roi wisigoth Euric, qui règne ensuite sur l'Espagne et une partie de la Gaule, meurt en 480 à Arles et laisse le trône à son fils Alaric II. Ce dernier est battu, en 507, à la bataille de Vouillé par Clovis, roi des Francs depuis 481, une victoire qui aura pour conséquence l'établissement de la dynastie des Mérovingiens. Le lieu exact de cette bataille est encore sujet à caution pour les historiens.

Alaric II est enterré avec de grandes richesses. Plusieurs hypothèses existent quant au lieu de sa sépulture : soit dans le tumulus qui avoisine Jaunay-Clan, soit sur un îlot du lit détourné du Clain, au sud de Poitiers, soit dans un tumulus au sud de la route Saint-Maixent – Vivonne, situé entre Pamproux et Bougon, soit au sud-ouest d'Anché-Voulon, dans un énorme tumulus à proximité duquel des monnaies ont été découvertes…

PREMIERSTEMPLIERS,

EN HABIT DE GUERRE A CHEVAL,

Figures 10 et 11.

À gauche: Templiers
en habit de guerre,
in Recueil de tous
les costumes monastiques,
religieux et militaires
(1783).

LE TRÉSOR DES TEMPLIERS

Neuf chevaliers français, menés par Hugues de Payns, parviennent à Jérusalem, en 1118, et offrent leurs services au roi Baudouin II, dont le frère aîné, Godefroy de Bouillon a « délivré » la ville sainte dix-neuf ans plus tôt. Ils lui proposent de fonder un ordre qu'ils appellent la milice des pauvres chevaliers du Christ.

(1307)

Baudouin II, impressionné par le dévouement des chevaliers, les autorise à résider dans une aile entière de la partie est de son palais. Celui-ci est situé sur l'ancien temple de Salomon, construit par ce dernier en 950 av. J.-C. sur l'ordre de Dieu, afin d'abriter l'Arche d'alliance contenant, entre autres, les Tables de la Loi données à Moïse sur le mont Sinaï. Ce temple est détruit le 16 mars 587 av. J.-C. par les troupes chaldéennes du roi Nabuchodonosor II.

En 572 av. J.-C., Zorobabel entreprend sa rééedification, mise à mal par Séleucide Antiochos Épiphane. En 536 av. J-C, les Juifs, de retour de Babylone, commencent à reconstruire le temple, mais il ne sera définitivement achevé, par Hérode Ier le Grand, que plus de cinq cents ans plus tard. Moins de sept ans après avoir été terminé, il est de nouveau détruit, par Néron.

Au printemps 68 apr. J.-C., les Nazoréens, appelés Zélotes, qui gardaient le Temple de Salomon, prennent la décision de dissimuler ses trésors (manuscrits, vases sacrés, objets cultuels en or, argent du culte…), pour qu'ils ne tombent pas entre les mains des Romains. Deux ans plus tard, en 70 apr. J.-C., le Romain Titus s'empare de Jérusalem et fait raser à nouveau le temple. Un siècle après, des sanctuaires à la gloire de Zeus et de l'empereur romain Hadrien sont construits à l'emplacement de l'ancien temple. Six siècles plus tard, les musulmans, ayant conquis Jérusalem, décrètent que ce site est l'emplacement d'où Mahomet est monté aux cieux et, en 691, le dôme du Rocher est érigé par le calife Abd el-Malik. Les croisés vont transformer plus tard le dôme en église chrétienne et c'est finalement sur les locaux de la mosquée d'Al-Aqsâ que les premiers Templiers vont s'installer.

Durant huit ans, ils vont entreprendre des fouilles souterraines et retrouver, dans une crypte voûtée (le *Shîth*), cent quarante-huit tonnes d'or – l'un des manuscrits de la mer Morte cite des « quantités d'or et de vaisselle sacrée formant vingt-quatre amoncellements » – ainsi que l'Arche d'alliance, ou « coffre de YHVH » (puissant émetteur-récepteur et fantastique condensateur d'énergie, construit en bois d'acacia doublé d'or, en dedans comme en dehors, portant deux anneaux sur les côtés pour le déplacer, et sur le dessus deux chérubins en or). L'Arche d'alliance devait rester dans un endroit sec, ce qui fait penser qu'elle devait comporter des piles électriques, telles que celles décrites dans des textes sumériens. Quiconque osait la toucher recevait une forte décharge électrique. Il est à noter que l'Arche d'alliance, qui contenait les Tables de la Loi du mont Sinaï et la baguette de Moïse, ne figure ni au nombre des trésors pillés en 587 av. J-C, par Nabuchodonosor II, ni au nombre des trésors pillés en 70 apr. J.-C. par Titus et ramenés à Rome où se trouve, en revanche, la fameuse Menorah, énorme chandelier à sept branches qui pesait plus de vingt-trois kilos d'or pur. Ce chandelier sera de nouveau volé à Rome en 410 par les Wisigoths qui le cacheront, avec le reste de leur trésor, à Rennes-le-Château, dans le sud de la France !

À gauche : *Templiers en route vers la Terre Sainte (1490).*

Ci-dessous : *Le roi Salomon devant l'Arche d'alliance. Huile sur toile de Blaise Nicolas Le Sueur (1747).*

Le trésor des Templiers

Il y a de fortes raisons de penser que les Templiers ont ramené l'Arche d'alliance en France. Il existe, au portail nord de la cathédrale de Chartres, une colonnette sur laquelle est sculptée en relief l'image de l'Arche d'alliance reposant sur un char à quatre roues, tiré par un couple de bœufs. Certains historiens estiment qu'elle se trouve encore de nos jours dans les cavernes naturelles de l'Aude, proches de l'ancienne commanderie du Bézu. Je pense, pour ma part, qu'elle a été cachée sous le mont des Aiguilles, près d'Arques.

Parallèlement à leur mission officielle, qui consiste à défendre les pèlerins sur la route de l'Orient, vers le sépulcre de Jésus, à Jérusalem, les Templiers mettent au point un système financier original permettant aux voyageurs de ne pas se déplacer avec leurs richesses sur eux, afin de décourager les pillards. Avant leur départ, ils peuvent déposer leurs valeurs dans un comptoir de l'Ordre, où on leur délivre un numéro codé pour leur compte. Ils peuvent retirer de l'or et de l'argent, au fur et à mesure de leurs besoins, dans des commanderies templières installées tout au long du parcours. Les Templiers inventent ainsi la « lettre de change ».

Après la bataille de Saint-Jean-d'Acre, en mai 1291, Jérusalem est reprise par les musulmans. Le trésorier du fort des Templiers parvient quand même à soustraire un trésor considérable qu'il amène au château templier de Sidon.

En moins d'un siècle, les Templiers ont atteint en Europe le chiffre de quinze mille cinq cents chevaliers qu'entourent des écuyers et quarante-cinq mille sergents. Ils sont indépendants du pouvoir royal et ne dépendent que du pape. Ils ont réussi à créer un véritable État dans l'État, battant monnaie, disposant de leur propre armée et investissant particulièrement leurs biens dans des terres qui leur rapportent des redevances et fermages importants.

Ils possèdent de larges territoires, des contrées entières, avec leurs châteaux, leurs villages, leurs forêts, leurs terres labourables et leurs serfs, en France, en Angleterre, en Écosse, en Espagne, au Portugal, en Germanie et en Autriche, dont un grand nombre leur est légué par testament. L'Ordre est ainsi couvert de dons de toutes sortes effectués par des centaines de nobles et de riches bourgeois qui viennent se joindre à eux, échappant à tout impôt ou droit de douane.

Jamais un ordre religieux n'a détenu une telle puissance financière. Les Templiers disposent de neuf mille commanderies et fermes fortifiées, réparties dans toute la chrétienté. En France seulement, plus de trois mille commanderies voient le jour. On n'y garde que l'or nécessaire aux besoins immédiats, mais des caches y sont aménagées. On trouve souvent ces caches sous un carré magique, sorte de palindrome, donnant toujours les mêmes mots, quel que soit le sens de la lecture.

Ci-dessous :
Exemple de palindrome.

À droite : Un Templier prêtant serment. Peinture de François-Marius Granet (1775-1849).

Mais la plus grande partie des richesses est stockée à Paris, dans le quartier dit du Temple, qui leur appartient et qui représente le tiers de la superficie du Paris de l'époque. La concentration d'or dans leurs coffres est telle que l'Ordre prête au roi lui-même. La citadelle du Temple de Paris, cernée de hauts murs, avec un donjon à quatre tourelles, sert aussi à mettre en lieu sûr les trésors des grands du royaume. Les Templiers s'établissent comme les plus importants banquiers de l'histoire, proposant des facilités de paiement aux rois de toute l'Europe, des transferts internationaux, des opérations de change, et inventent même le concept du traveller's cheque !

Mais le pouvoir et la richesse des Templiers contribuent à les rendre impopulaires, et de terribles rumeurs commencent à circuler sur leurs mœurs : on les accuse de renier le Christ, d'adorer une idole luciférienne barbue, appelée Baphomet, de cracher, d'uriner sur le crucifix et de le profaner, de pratiquer la sodomie, de recevoir, lors de leur initiation, un baiser sur la bouche, sur leur postérieur nu, sur le nombril et sur leur sexe…

Le roi Philippe le Bel et Guillaume de Nogaret, chancelier du royaume, décrètent l'arrestation des Templiers à Maubuisson, le 14 septembre 1307 : tous les sénéchaux et baillis du royaume reçoivent l'ordre écrit de se tenir prêts et en armes pour intervenir. À l'aube du vendredi 13 octobre 1307 (d'où la superstition liée au néfaste vendredi 13), plus de deux mille Templiers sont arrêtés en France et dans toute l'Europe. Le Grand Inquisiteur de France livre immédiatement cent trente-huit Templiers à la torture de l'Inquisition. La plupart reconnaissent les charges pesant contre eux, mais beaucoup résistent et meurent dans d'horribles souffrances. En mai 1310, cinquante-quatre Templiers sont brûlés vifs, à Paris, et cinquante-neuf des cent trente-huit Templiers torturés montent sur le bûcher. Les autres sont remis en liberté.

Ci-dessous : *Convoqué par le pape Clément V, le concile de Vienne (octobre 1311-mai 1312) souhaite mettre fin à l'ordre des Templiers. Peinture de Giovanni Battista Speranza (XVIIe siècle)*

26 LES TRÉSORS TERRESTRES

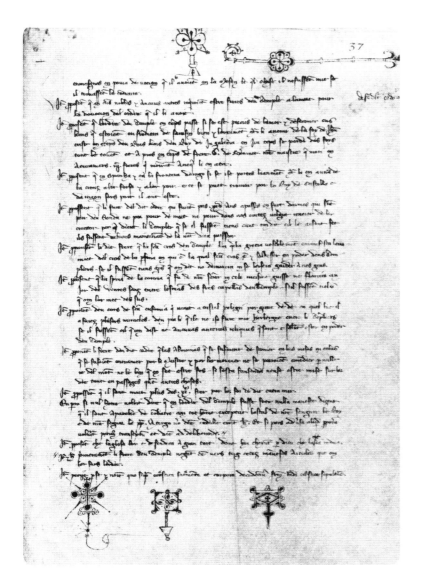

Ci-contre : Une page de texte afférente au procès des Templiers.

Ci-dessous : Jacques de Molay (1243-1314) dans son cachot.

En bas : Exécution de Jacques de Molay et de Geoffroy de Charnay, in Chronique dite de Baudouin d'Avesnes *(XVe siècle).*

Le 18 mars 1314, Jacques de Molay, âgé de soixante et onze ans, Grand-Maître de l'ordre des Templiers, et les dignitaires Hugues de Pairaud, visiteur général de l'Ordre, Geoffroy de Charnay, précepteur de Normandie et Geoffroy de Gonneville, commandeur d'Aquitaine, sont amenés de leur cachot jusque sur le parvis de Notre-Dame de Paris pour entendre le verdict de leur procès.

Ils sont condamnés à la prison à vie. En entendant cette sentence, qu'ils jugent inique, car le roi leur avait promis la liberté contre leurs aveux, Jacques de Molay d'abord, puis Geoffroy de Charnay, se mettent à haranguer la foule pour protester de leur innocence et de celle de leur Ordre, affirmant que leurs aveux leur ont été soutirés par la torture et crient à la machination. Ils sont aussitôt déclarés relaps et un bûcher est dressé sur l'île aux Juifs, à l'extrémité occidentale de l'île de la Cité – aujourd'hui square du Vert-Galant –, où ils sont conduits vers la fin de la journée.

Le roi a prévu de faire brûler les deux Templiers « à petit feu ». Pour ce faire, on installe seulement un stère de bois pour chacun des condamnés, ces deux derniers étant garrottés par une chaîne à deux grosses poutres de chêne imbibées d'eau, prélevées aux estacades d'amarrage de la Seine.

Le trésor des Templiers

Avant de mourir dans les flammes, Jacques de Molay lance une malédiction sur le roi et le pape, les défiant à comparaître devant le tribunal de Dieu avant une année. Tous deux vont mourir dans les mois qui suivent : Clément V décède le 20 avril 1314 d'une crise de dysenterie, et Philippe le Bel périt le 29 novembre 1314, à Fontainebleau, d'une chute de cheval...

Mais tous les Templiers ne sont pas arrêtés le 13 octobre 1307, car il y a des fuites et un grand nombre peut échapper à la rafle. Le trésor du Temple de Paris peut être évacué, la veille, sur trois grands chariots remplis de caisses et recouverts de paille, escortés d'une cinquantaine de chevaux et sous la conduite de deux Templiers, Hugues de Chalon et Gérard de Villers, le précepteur de France. En effet, après avoir fouillé le Temple de fond en comble, les hommes du roi n'y trouvent presque rien !

De nombreux historiens ont élaboré des théories sur les destinations du trésor. Ils ont imaginé le trésor déposé en Bretagne, à Gisors (Eure), à Saint-Martin-le-Nœud (Oise), à Villecroze (Var), à Provins (Seine-et-Marne), au château d'Argigny (Rhône), dans les grottes de Jonas, à Besse-en-Chandesse (Auvergne), à Villiers-le-Temple (Belgique), à Juillé (Sarthe), dans l'île du Carney (Aquitaine), ou encore à Valcros (Verdon)...

Ci-dessus : *Jacques de Molay lançant sa malédiction sur le roi et le pape. Ils mourront tous deux peu après.*

À droite, en haut : *Le château du Fort à Aslonnes, une ancienne commanderie des Templiers.*

En bas : *Bulle de Clément V attribuant les biens des Templiers à l'ordre des Hospitaliers.*

Deux autres sites ont également retenu l'attention de certains historiens, en raison du parcours effectué par les Templiers qui escortaient le trésor et qui, partant de Paris, seraient passés par les villes de Meaux, Reims et Stenay pour finalement arriver au Luxembourg, les mains vides ! Il s'agit de la forêt d'Orient, près de Troyes et d'une commanderie des environs de Reims.

Que le trésor dont disposent les Templiers soit immense est devenu une réalité historique. Mais de quoi peut-il donc se composer ? De deux sortes de valeurs : des archives et des documents de l'Ordre d'une part, des métaux précieux, objets sacrés, etc., d'autre part.
Le premier trésor, constitué principalement de documents, est en fait acheminé vers l'Asie et il repose aujourd'hui dans une cache au nord de la Corée, non loin de la frontière russe.
Le second trésor, constitué principalement d'objets et de métaux précieux, venant du Temple de Paris, mais aussi de diverses riches commanderies, est embarqué, au bout d'une semaine de voyage, sur une flotte de dix-sept navires, à La Rochelle. Cette flotte se sépare en deux flottilles. La première se dirige vers le Portugal, où l'Ordre prend le nom de « Chevaliers du Christ », et la seconde vers l'Écosse où elle est reçue par Robert Bruce, qui a été excommunié par le pape, et où leur Ordre va survivre et être à la base de la franc-maçonnerie.

Le trésor des Templiers

Les Templiers disposent de très anciennes cartes appartenant à l'ordre de Calatrava, qui a accueilli un grand nombre d'entre eux après leur dissolution. Il est prouvé que Christophe Colomb a consulté ces cartes dans la Tesouraria, bibliothèque secrète du roi du Portugal. Une copie a été retrouvée, en 1929, au musée de Topkapi, à Istanbul. Elle a appartenu à l'amiral turc Piri Ibu Haji Mehmed, surnommé Piri Reïs (Reïs signifiant amiral), qui commandait la flotte ottomane en 1550 et qui a reconnu avoir obtenu ces relevés en combinant plusieurs cartes très anciennes de la bibliothèque de Constantinople. Cette carte se révèle tout à fait extraordinaire car, en plus d'indiquer les contours précis de l'Afrique occidentale et des Amériques centrale et du Sud, elle fait apparaître des terres inconnues au XVIe siècle, comme l'Antarctique qui n'a été découvert qu'en 1818 ! Le Groenland est représenté comme assis sur trois îles distinctes, ce qui a été confirmé par des sondages effectués par Paul-Émile Victor ! Cette carte serait la seule partie restante d'une plus grande carte du monde qui a été collectée et étudiée dans la Grande Bibliothèque d'Alexandrie. Il est à noter que la ligne côtière antarctique est reproduite avec une incroyable précision. Or, depuis douze mille ans, elle est recouverte d'une couche de glace épaisse de plus d'un kilomètre cinq cent. Cela signifie que c'est avant 9 000 av. J-C que ces relevés ont dû être effectués. En 1953, Arlington H. Mallery, une autorité dans le domaine des cartes anciennes du Navy Hydrographic Bureau, examina avec soin la carte de Piri Reïs et en conclut que seul un relevé topographique aérien a pu permettre de la réaliser ! Cette carte est également connue des Vikings, qui ont débarqué au Mexique, à Panuco, en 967 apr. J.-C., et c'est avec eux que les Templiers établissent tout d'abord un troc contre l'argent extrait de mines. Ils chargent, dans le golfe de Santos et le port de Parnaéba, le précieux métal qui leur permet de battre monnaie et de financer les cathédrales gothiques.

En 1398 – soit près d'un siècle avant Christophe Colomb –, une flottille de navires templiers, commandée par Henry Sinclair de Rosslyn, le nouveau Grand Maître secret de l'Ordre, quitte l'Écosse et cingle vers l'ouest, à travers l'Atlantique, vers le continent américain que les indigènes appellent « La Merica » et où les Templiers exploitent, depuis 1294, dans la région de Mexico, des mines d'argent – métal qu'ils échangent ensuite en Asie contre de l'or qui coûte moins cher.

La flottille navigue jusqu'en Nouvelle-Écosse, dans l'est du Canada, où des Irlandais ont déjà débarqué au Xe siècle. Le débarquement a lieu dans la baie de Mahone. Les Templiers choisissent l'un des trois cent soixante-cinq îlots de la baie, Oak Island (île du Chêne), îlot de un kilomètre six de long sur huit cents mètres de large, pour enterrer profondément le trésor, au fond d'un puits rempli de pièges pour inonder la fosse et protéger le trésor.

C'est là qu'en 1795, un garçon de seize ans, Daniel McGinnis, découvre par hasard le site. Au milieu d'une clairière, il y a un très vieux chêne, tout seul, qui porte des marques bizarres et sous lequel il aperçoit une dépression circulaire, d'environ cinq mètres de diamètre. Daniel est convaincu d'avoir trouvé le site d'un trésor caché. Le lendemain, il revient avec un ami et quelques outils. Ils commencent à creuser et se retrouvent dans une fosse où ils peuvent voir des marques de pioche sur les murs d'argile. À plus d'un mètre de profondeur, ils tombent sur une couche de dalles, puis, au fil des semaines, ils découvrent des couches de rondins, respectivement à trois, six et neuf mètres de profondeur, séparées par de la terre meuble.

> **Cette carte se révèle tout à fait extraordinaire car, en plus d'indiquer les contours précis de l'Afrique occidentale et des Amériques centrale et du Sud, elle fait apparaître des terres inconnues au XVIe siècle, comme l'Antarctique qui n'a été découvert qu'en 1818 !**

Costumes de Templiers.

Neuf ans s'écoulent et les amis retournent à la fosse avec, cette fois, des finances et de la main-d'œuvre. Ils trouvent encore des plateformes de rondins à douze, quinze et dix-huit mètres. Cette dernière plateforme est scellée avec de la fibre de noix de coco et du mastic. À vingt et un mètres, ils découvrent une plateforme en chêne suivie d'une autre, à vingt-quatre mètres, scellée comme celle d'avant. À vingt-sept mètres, ils aperçoivent une dalle épaisse en pierre qui, visiblement, n'est pas du pays et qui porte une inscription gravée indéchiffrable. Plus tard, l'inscription est traduite : « quarante pieds dessous, deux millions de livres sont enterrés. » Quand la pierre est enlevée, les ouvriers dévoilent une dixième couche de bois plus épaisse que les autres et qui couvre toute la surface du puits. Convaincus que le trésor est juste en dessous, ils continuent de creuser mais, une fois la nuit tombée, ils s'arrêtent. De plus, étrangement, la fosse commence à se remplir d'eau.

Quand les ouvriers reviennent le lundi matin, ils sont surpris de découvrir la fosse inondée jusqu'à dix mètres de la surface. Toutes leurs tentatives pour pomper l'eau restent vaines ; le niveau de l'eau reste inchangé. Après avoir essayé plusieurs fois de trouver un moyen d'accéder au trésor, ils abandonnent, soupçonnant le puits d'être relié à la mer par un tunnel.

En 1849, un sondage est effectué à l'aide d'une perforatrice que l'on utilise généralement pour la recherche de la houille. À presque trente-trois mètres, la tarière rencontre une plateforme en sapin, puis tourne dans le vide et traverse ensuite une planche de chêne. Elle passe alors à travers plus de sept mètres de métal en pièces, mais la tarière ne peut ramener à la surface que trois maillons en or, semblant provenir d'une très ancienne chaîne de gousset. La machine passe ensuite à travers du chêne, le fond d'un coffre, du sapin, puis à travers deux mètres de boue, où elle ne rencontre plus rien…

Au cours du forage suivant, la plateforme est atteinte de nouveau à trente-trois mètres de fond, puis, après un espace vide, la tarière entre en contact avec ce qu'on croit être le côté d'un tonneau et une petite quantité d'une substance brune et fibreuse, ressemblant à de la fibre de noix de coco, est ramenée en surface.

Sur la plage d'une petite crique de l'île, dite Smith's Cove, plus de cent cinquante mètres à l'est du puits, on découvre un endroit d'où de l'eau s'écoule à marée basse. En quelques coups de pelle, on découvre sous le sable une couche régulière d'une fibre brune fibreuse de quarante-cinq mètres de long, semblable à celle trouvée au fond du puits. En plus de cette couche de fibre, et sur la même surface, on trouve une autre couche très dense d'une herbe imputrescible et un lit compact de pierres et de rochers soigneusement juxtaposés, sans gravier ni sable. En creusant davantage, on s'aperçoit que l'argile et le sable d'origine de la plage ont été remplacés par des pierres. Sur le fond de cette excavation ont été disposés cinq drains, larges de vingt centimètres, constitués par deux alignements parallèles de pierres jointes et recouverts de dalles plates. Ces cinq drains, venus de cinq points de contact avec l'eau et éloignés les uns des autres, convergent vers l'entrée d'un tunnel principal. À marée montante, la couche de fibre joue ainsi le rôle d'une gigantesque éponge et l'eau de mer se trouve drainée vers le tunnel principal et le « puits au trésor ».

Trois pompes sont mises en action. Elles ne réussissent pas à pomper l'eau, mais maintiennent le niveau de la boue à trente mètres de profondeur. Des dynamitages successifs sont effectués sur la plage de Smith's Cove, transformant considérablement le terrain, mais l'eau continue de passer comme avant.

Au total, plus de vingt-cinq sociétés se sont ruinées en cherchant ce fabuleux trésor, et six hommes ont payé de leur vie leur passion. Aujourd'hui, les recherches continuent…

Quelqu'un a alors l'idée de verser dans le puits une teinture rouge. Ne pourrait-il pas y avoir un deuxième tunnel ? Effectivement, la teinture ressort bien dans la mer, mais sur la côte sud de l'île ! Quelques jours plus tard, la foreuse ramène un fragment de parchemin sur lequel on peut reconnaître nettement le chiffre romain VI.

D'autres expéditions voient le jour, notamment celle d'un certain Franklin Delano Roosevelt, en 1909 (bien avant d'être élu président des États-Unis), qui investit cinq mille dollars dans des recherches. De nouvelles expéditions, en 1922, 1931, 1935 et 1936 amènent sur l'île un matériel de plus en plus considérable.

Après la Seconde Guerre mondiale, on descend dans le puits un détecteur de métaux, nouvellement inventé. Au fond du puits, l'appareil réagit avec une vigueur exceptionnelle, les signaux étant indiscutables sur toute la surface présumée de la crypte. Une pelle mécanique de douze tonnes, puis une de vingt tonnes creusent alors, formant un véritable petit lac. Un spécialiste de la recherche pétrolière décide d'appliquer ses techniques. La foreuse descend jusqu'à soixante mètres, avant d'en trouver le fond…

Au fil des années, des preuves indiscutables de la présence d'un trésor ont été remontées. Celui-ci n'a pu être caché que par des hommes maîtrisant l'art et la technique de la construction de grandes œuvres ! Il ne faut pas oublier que les Templiers avaient eu de quoi se faire la main : en effet, à partir de 1170, et en un seul siècle, ils ont supervisé la construction de vingt-quatre cathédrales et presque cinq cents abbayes, uniquement en France !
Au total, plus de vingt-cinq sociétés se sont ruinées en cherchant ce fabuleux trésor, et six hommes ont payé de leur vie leur passion.
Aujourd'hui, le puits atteint la profondeur de soixante-quatre mètres et les recherches continuent…

Église des Templiers de Luz-Saint-Sauveur.

Le trésor des Templiers

LE TRÉSOR DES INCAS

Débarquement de François Pizarre sur la côte péruvienne (1531). Détail d'une carte géographique du début du XVIIe siècle.

En 1531, François Pizarre débarque sur les côtes du Pérou, à la tête de cent soixante-dix hommes, avec soixante chevaux et dix arquebuses. Conforté par le succès d'Hernán Cortés qui, douze ans auparavant, a conquis le Mexique avec cinq cent quatre-vingts soldats, seize chevaux, dix canons et treize arquebuses et pillé le trésor de l'empereur Montezuma, il va s'attaquer à l'immense Empire inca.

(1533)

Ci-contre : *Portraits de François Pizarre et Atahualpa.*

Comme les Aztèques qui ont confondu Cortés avec Quetzalcóatl, dieu blanc et barbu venu de l'est et qu'ils attendent depuis des générations, les Incas du Pérou confondent Pizarre avec Viracocha, autre dieu blanc, au front dégagé, aux yeux ronds grands ouverts et portant une barbe, dont ils attendent aussi le retour. Est-il le même personnage qui se fit appeler Quetzalcóatl ? Dans les deux cas, les chevaux et armes à feu des conquistadors réussissent à terroriser les Indiens.

Ayant su habilement exploiter le différend qui oppose Huascar et Atahualpa, les deux demi-frères prétendants au trône, les hommes de Pizarre défont rapidement les guerriers du premier. Lorsqu'il se présente à Pizarre, l'empereur Atahualpa porte à son cou un magnifique collier d'émeraudes de grosse taille. Ébloui par tant de richesses, les Espagnols capturent perfidement celui-ci, l'obligeant à leur livrer, pour sa libération, un énorme trésor en lingots d'or et pièces d'orfèvrerie en or. Au Pérou, ce métal joue surtout un rôle politique et rituel et n'assure pas, à cette époque, une monnaie d'échange. D'ailleurs, seuls les souverains, les prêtres et quelques nobles ont le droit de porter des bijoux en or. Ce n'est qu'après la conquête du Pérou qu'il deviendra étalon monétaire. Afin de se faire libérer, Atahualpa promet à ses geôliers de faire remplir d'or, jusqu'à hauteur d'une main levée, le volume d'une des grandes salles de son palais, de sept mètres de long sur quatre de large, ainsi que deux fois le contenu en argent d'une salle attenante. Durant six mois, le trésor composé de vases, de plats, de jarres, de fontaines… du plus bel or, va s'entasser et progresser vers une ligne rouge tracée sous le plafond.

Durant ce temps, Pizarre envoie un détachement à Cuzco, où il fait arracher les sept cents feuilles d'or qui recouvrent les murs du temple du Soleil de Coricancha – ce métal symbolisant la brillance de l'astre solaire –, où chaque année le peuple verse un tribut de cent soixante-cinq tonnes d'or. On raconte que, sous son toit en or, les corps momifiés des Incas, ornés de parures en or et assis sur des sièges du même métal, ont été disposés de part et d'autre des murs, tapissés eux aussi de planches en or. Viennent s'ajouter l'or de Chalicuchima, sanctuaire d'une richesse inouïe, et les quatre cents kilos d'or du temple de Pachacamac.

Parmi les premiers trésors ramenés pour la rançon d'Atahualpa figure un grand tabouret d'or pesant deux cent quatre-vingt-sept kilos, que Pizarre s'approprie en en faisant son « trône ». Il y a enfin soixante-dix plaques d'or pur qui servaient de revêtement aux palais des nobles desquels elles ont été arrachées. Sans oublier les fabuleux trésors des îles du Soleil et de la Lune, situées au milieu du lac Titicaca…

Après diverses hésitations, et malgré le respect du versement de la rançon, Pizarre décide, après une parodie de procès, de condamner à mort l'empereur inca. Le père Vicente Valverde lui promet, s'il se fait baptiser, qu'on ne brûlera pas son corps. L'Inca accepte et il est finalement garroté sur la grande place de Cajamarca, en présence d'une foule nombreuse, le 29 août 1533.

Ci-dessus : *Atelier de fabrication d'objets en or, à Quito.*

Ci-contre : *Temple du Soleil de Cuzco (Pérou) au XVIe siècle, d'après une gravure du XIXe siècle.*

Ci-contre : *Capture d'Atahualpa.*

Ci-dessous : *Les Incas apportant la rançon en or pour la libération espérée d'Atahualpa. Estampe de Jean-Théodore de Bry, 1596.*

Trois jours plus tard, Pizarre et ses hommes quittent la ville de Cajamarca pour aller piller Cuzco, mais, entre-temps, la ville a déjà été vidée de presque tous ses trésors. Simultanément, le plus cruel d'entre eux, Sebastián de Belalcázar, part en toute hâte vers le nord pour s'emparer de la rançon, dont il apprend l'existence en arrivant dans Quito, vidée, elle aussi, de ses trésors et dévastée par les flammes. Il se rend ensuite à El Quinche mais, là aussi, la ville est vide. Fou de rage, pour se venger, il donne l'ordre à ses soldats de tuer les enfants, de couper les bras, les oreilles et les seins des femmes !

Durant l'absence des Espagnols, les Indiens sont revenus dans la ville désertée de Cajamarca et ont trouvé le cadavre de leur empereur. Ils décident de l'emporter, afin de le momifier et le cacher.
Quand Pizarre revient à Cajamarca, il prend la décision de partager le trésor qu'il a accumulé avec ses compagnons, ses officiers, ses soldats et les civils qui l'accompagnent. Alors que le trésor de Montezuma ne contenait que deux mille sept cent trente kilos d'or, le simple montant de la rançon d'Atahualpa s'élève à environ dix tonnes d'or à vingt-deux carats et demi et environ soixante-dix tonnes d'argent ! Afin de faciliter la répartition entre ses hommes, Pizarre ordonne de fondre presque tous les objets d'orfèvrerie, magnifiques, finement décorés et ciselés, afin de les réduire en barres ou en lingots, pour un total de cinq tonnes et demie d'or et douze tonnes d'argent ! La part du roi (le *quinto real*, soit vingt pour cent) sera envoyée en Espagne, à bord de galions.

Pizarre s'attribue une part énorme, équivalant à deux cent cinquante kilos d'or, plus des dizaines de kilos d'argent. Son frère, Hernando, reçoit environ la moitié et Soto, son fidèle compagnon, le quart. Chaque cavalier reçoit trente kilos et les fantassins quinze kilos. Les Espagnols ont maintenant tellement d'or dans leurs poches que la surabondance de ce métal provoque l'inflation des prix. Quand quelqu'un veut régler un achat, il coupe simplement un morceau d'or et le donne au commerçant désabusé. Les Espagnols en viennent même à remplacer les fers de leurs chevaux par des garnitures en argent.

Dès que l'annonce de la mort d'Atahualpa est divulguée à travers le pays, tous les immenses trésors qui sont encore en voie d'acheminement vers sa prison sont stoppés et rebroussent chemin pour être cachés aux Espagnols. Ruminahui, un général inca, se trouve à une semaine de marche de Cajamarca quand il apprend qu'on a assassiné son empereur. Il ordonne immédiatement à sa caravane, composée de onze mille lamas, transportant soixante mille charges d'or pur, encadrés par quinze mille hommes, de faire demi-tour et de remonter vers le nord pour cacher les trésors dans la cordillère des Llanganatis, dont il est originaire. Une charge correspond à une *arroba* espagnole, soit onze kilos et demi : on parle donc, au total, de six cent quatre-vingt-dix tonnes d'or !

Parmi les trésors acheminés, on cite une énorme chaîne en or massif, qui faisait le tour de la grand place de Cuzco, et dont le poids est tel qu'il faut cinq mille Indiens pour la transporter. Elle sera jetée dans un lac de montagne. Il y a aussi la fameuse idole, le *punchao*, du temple du Soleil de Cuzco, énorme soleil d'or poli, incrusté d'émeraudes et autres pierres précieuses, pesant plusieurs tonnes et qui couvrait tout le fronton du temple, ainsi qu'un panneau d'or de dix-huit mètres de diamètre qui recouvrait un monument de Cuzco. Une autre énorme chaîne en or de onze mètres de long, qui ornait l'un des murs du Temple, est transportée par deux cents Indiens.

Un certain Valverde, soldat espagnol marié à une Indienne des Llanganatis, a appris de son épouse le secret de l'emplacement de la tombe d'Atahualpa et de son trésor. Rentré en Espagne à la tête d'une grosse fortune, il écrit, avant sa mort, le *Derrotero* dont voici un extrait : « Lorsque vous aurez atteint le village de Pillaro, demandez la ferme de Moya et passez-y une bonne nuit ; puis demandez la montagne Guapa que l'on peut voir si le temps est clair. Regardez vers l'est, en tournant le dos à la cité d'Ambato ; de là, vous devriez apercevoir les trois pics de la chaîne des Llanganatis. Ils forment un triangle sur les pentes duquel se trouve un lac artificiel. C'est dans ce lac que les Incas ont jeté l'or qu'ils avaient réuni pour la rançon d'Atahualpa, quand ils ont appris sa mort ».

Le général Ruminahui part à la rencontre de la procession de plusieurs milliers d'hommes qui accompagne la dépouille momifiée de leur empereur, et la rejoint à Riobamba, située à deux cent cinquante kilomètres au sud de Quito. Accompagné de quelques centaines d'hommes, le général va prendre en charge la momie de l'Inca qu'il va ensevelir dans une cache, avec un trésor considérable. Capturé en décembre 1533 par Belalcázar, lui non plus ne parle pas sous la torture et meurt sans révéler la cache du tombeau d'Atahualpa.

Tous les trésors sont répartis dans des cachettes que seuls quelques initiés, vraisemblablement des prêtres, connaissent. Ils sont massacrés par les Espagnols ou se suicident, mais aucun ne divulgue les secrets. Les trésors sont soit enterrés dans la cordillère des Andes, soit jetés au fond du lac Titicaca, soit cachés dans des cités perdues de la forêt amazonienne.

D'autres trésors colossaux ont été accumulés dans des souterrains, dont la longueur dépasse l'entendement. On parle souvent de ces très longs souterrains mystérieux (*socabones*) dont certains mesurent des centaines de kilomètres de long, du nord au sud. L'entrée de l'un des plus importants se trouve aux abords du temple du Soleil de Cuzco, au sud de la ville, au bord de la rivière Huatanay. Un autre trésor est caché dans un souterrain de la forteresse de Sacsahuaman, au nord de Cuzco. Ces souterrains auraient été construits par une civilisation disparue qui possédait un haut degré technologique, et dont l'origine nous est toujours inconnue. Sont-ce les Olmèques, qui auraient reçu le savoir des Atlantes en héritage ou bien certains Atlantes, rescapés de la destruction de leur continent, qui avaient fui vers l'ouest ? Est-ce la même civilisation qui a gravé les pétroglyphes de la porte du Soleil à Tiahuanaco, en Bolivie ? Qui a gravé à Palenque, au Mexique, sur le couvercle d'un sarcophage découvert par l'archéologue Ruz-Lhuilliez, un homme assis aux commandes d'une machine semblable à une fusée, avec des flammes sortant de tuyères ? Le pilote est penché en avant, ses mains reposent sur un genre de volant et le cône de la fusée contient de nombreux mécanismes…

Un Français, Philippe Esnos, est actuellement sur la piste du trésor d'Atahualpa, et ceci depuis de nombreuses années. Il pense aujourd'hui avoir délimité sa zone de recherche à un carré de cinq cents mètres de côté et espère aboutir bientôt.
Avant lui, de nombreux explorateurs sont partis sur les traces de ce fabuleux trésor. En 1800, un botaniste espagnol, Anastasio Guzman, se lance dans le dédale des Llanganatis. Il explore la région pendant des années, en cherchant d'anciennes mines d'or et d'argent incas et finit par dresser une carte assez précise. Hélas, il meurt tragiquement, en tombant dans un ravin lors d'une crise de somnambulisme.
En 1857, un autre botaniste anglais, Richard Spruce, suit les traces de Guzman et rentre en 1893 en Angleterre où il publie des articles pour la *Geographic Society of London*. Il laisse à sa mort une copie du fameux *Derrotero de Valverde*, qui sert depuis à tous ceux qui recherchent le trésor d'Atahualpa. Auparavant, il avait cédé ses renseignements et sa carte à deux officiers de marine, Barth Blake, un Hollandais, et George Edwin Chapman, un Anglais. Ont-ils trouvé le sanctuaire d'Atahualpa ou une autre cache du Cerro Hermoso ? Quoi qu'il en soit, ils reviennent de leur expédition chargés d'or jusqu'au cou. Malheureusement, ils se perdent dans le brouillard ; le froid et la pluie ont raison de la santé de Chapman, qui meurt au bout de quelques jours. Son compagnon l'enterre et dépose dans sa tombe l'essentiel de l'or. Finalement, après avoir erré pendant des jours, il atteint le village de Pillaro puis rejoint Quito. Dans la foulée, il s'embarque pour l'Angleterre avec les objets en or, les bijoux en or et la poudre d'or qu'il a pu ramener.

Il mourra mystérieusement en mer, lors du voyage qui devait le ramener au Pérou, à la recherche de l'or qu'il y avait laissé. L'un de ses petits-fils retrouvera les documents que son grand-père avait pris à Blake et montera deux expéditions dans les années 1970, sans plus de succès.

En 1912, un colonel américain, B. C. Brooks, se lance, avec son épouse et quelques Indiens, dans les Llanganatis. Après plusieurs jours de marche, le couple est abandonné par ses porteurs et se retrouve soudain perdu au milieu des montagnes désertiques noyées dans le brouillard. L'humidité et le froid vont être fatals à la femme, tandis que le mari sera sauvé. Choqué, il restera des années en hôpital psychiatrique et retournera ensuite aux États-Unis pour y finir ses jours.

En 1913, un Autrichien, Paul Thur de Koos, va partir à son tour dans les Llanganatis. Ayant paraît-il découvert aux Archives des Indes de Séville un original du *Derrotero de Valverde*, dont on n'a plus jamais retrouvé la trace, il monte deux premières expéditions, d'où il revient avec de nombreux objets en or trouvés dans un lac. Il décide alors de monter une plus grande expédition, mais il meurt soudainement d'une pneumonie, au moment de s'embarquer à Lisbonne. La malédiction d'Atahualpa a encore frappé !

Entre 1920 et 1930, plusieurs expéditions voient le jour – allemandes, italiennes, colombiennes –, mais sans aucun succès. Ensuite, un Italien, Tullio Boschetti, et un Équatorien, Andrade Marin, effectuent des relevés précis de la cordillère, qui constituent aujourd'hui encore une aide précieuse pour quiconque veut se lancer dans les Llanganatis.

En 1936, le capitaine écossais Eric Erskine Loch, officier à la retraite de l'armée anglaise, décide de tenter sa chance à son tour. Détenteur d'une copie du fameux *Derrotero*, il se fait fort de rejoindre le lac et de charger une partie du trésor sur le dos des trente chevaux et lamas qui l'accompagnent. Deux jours après leur départ, son groupe est assailli par une forte tempête de neige qui l'oblige à faire demi-tour. Mais le capitaine ne veut pas renoncer et, après quelques jours de réflexion, repart. N'ayant rien trouvé, il se rend à New York où il écrit un livre, intitulé « Fièvre, faim et or », où il déverse toute son amertume et sa frustration. Cela ne l'empêche pas de retenter sa chance, quelque temps plus tard. Cette fois-ci, il affronte des obstacles incroyables : de très fortes intempéries, la désertion de ses porteurs, la noyade d'un de ses adjoints, la faim, l'épuisement... Après plusieurs années passées à New York, la fièvre de l'aventure le reprend et il retourne en Équateur, afin d'y exploiter une mine d'or. Désespéré par toutes ces années d'échec, et se sachant gravement malade, il préfère se suicider d'un coup de revolver, le 2 janvier 1944.

Quelques années plus tard, un indigène du nom de José Ignacio Quinteros, qui a servi de guide à Loch, en 1936, décide de tenter l'aventure pour son compte personnel. Son squelette est finalement retrouvé après plusieurs années par un autre explorateur franco-américain, Richard d'Orsay, qui lui aussi subira la malédiction puisque son corps sera découvert dans un « cañon ».

Entre 1938 et 1977, un certain Eugene K. Brunner va passer son temps à rechercher l'or des Incas. Il meurt en 1984, en laissant une énorme documentation, ainsi que des cartes et des croquis.

La liste de tous ceux qui sont partis, entre 1946 et 1990, à la recherche de ces trésors est très longue. On ne peut cependant oublier le fameux commandant Georges Dyot, qui fut le premier à pénétrer dans le cratère du volcan sacré, le Sangay, ni les Américains Franck Rocco et Robert Kaupp qui, eux aussi, y perdirent la vie, en 1962.

À ces trésors vient s'ajouter celui de l'Eldorado, mythe d'un roi légendaire, dont les sujets, les Chibcha, habitent une extraordinaire cité de l'or et qui, le jour de son anniversaire, reçoit son poids en or pur. Le jour de son sacre, et à tous les anniversaires de cette date, il prend un bain rituel dans le lac Guatavita, à cinquante kilomètres au nord de Bogota, en Colombie, le corps entièrement enduit de gomme résineuse et de poudre d'or, d'où son nom : « El Dorado » (« Le Doré »). Le lac Guatavita est situé dans un cratère volcanique formant un cercle presque parfait. Peu avant l'aube, une procession, au son des flûtes, des tambours et des conques marines, escorte le palanquin transportant le nouveau roi. Arrivé au bord du lac, le roi se dirige vers une splendide barque royale, en marchant sur les capes que ses guerriers étalent devant lui. Avant de monter dans la barque, il laisse tomber sa cape rouge, présentant au peuple son corps nu, complètement recouvert de poussière d'or. En égrenant des prières, il est conduit jusqu'au milieu du lac où, au moment du lever du soleil, dans un immense cri de joie, il jette à l'eau les nombreuses offrandes en or et en argent, en bijoux, en émeraudes et en nourritures qui lui ont été faites et plonge à son tour dans le lac. On raconte qu'un roi, nommé Chibcha, jeta deux tonnes de bijoux, d'or et d'argent dans le lac. Ensuite, pendant que la fête continue dans les cris et l'ivresse, El Dorado regagne son palais, qui est aussi sa prison et son tombeau, où jamais un seul rayon de soleil ne pénètre…

La capitale du royaume de l'Eldorado s'appelle Manoa et est défendue par d'infranchissables obstacles naturels. Son emplacement varie, au gré des traditions.
Un grand nombre d'aventuriers de tout poil tentent de la trouver. Certains, comme l'Anglais sir Walter Raleigh, au XVIe siècle, ou le Français Mauffrais, en 1950, la situent en Guyane. D'autres, comme le colonel anglais Fawcett, en 1925, au centre du Brésil, sur le rio Xingu, en plein Mato Grosso. D'autres, enfin, comme le Français Marcel Homet, en 1950, entre le Brésil et le Venezuela, au sud de l'Orénoque, dans la Sierra Parima.

À gauche : El Dorado.

Ci-dessus : Manoa.

L'un des premiers aventuriers qui part à la recherche du fameux Eldorado est le conquistador espagnol Gonzalo Jimenéz de Quesada. Son expédition est infernale : des huit cents hommes engagés dans l'aventure, seuls cent soixante-six en réchappent. Les autres sont décimés par les fièvres, les piqûres d'insectes, les chauves-souris, les serpents, les crocodiles, les jaguars, les accidents, la faim…
Un peu plus tard, Sebastián de Belalcázar se met lui aussi en quête du fabuleux trésor. Son frère décide de vider le lac de Guatavita, dont le fond est, paraît-il, jonché de milliers de trésors engloutis. Après trois mois de travail, le niveau de l'eau n'a baissé que de trois mètres, mais on peut quand même mettre au jour quinze kilos d'or.
Devant ce résultat encourageant, un marchand espagnol de Santa Fé de Bogotá, Antonio de Sepulveda, obtient la permission du roi Philippe II d'Espagne d'effectuer des fouilles. Ayant mis huit mille Indiens au travail pour creuser une tranchée, il commence rapidement à retrouver divers objets et bijoux, dont une magnifique émeraude qu'il revend à Madrid. Alors que le niveau du lac a baissé de vingt mètres, la tranchée s'effondre soudain, engloutissant tous les ouvriers qui s'y trouvent. Aussitôt, les travaux sont interrompus.
Pendant cinq ans, Philipp von Hutten, un aventurier allemand, cherche sur la bordure orientale des Andes, lui et sa troupe se nourrissant d'escargots, de grenouilles, de vers et de serpents, avant d'être tué. Francisco de Orellana part de l'ouest, traverse les montagnes et redescend vers les forêts humides. Il va naviguer, pendant huit mois, sur un fleuve gigantesque, sur près de six mille kilomètres. Il n'a pas découvert l'Eldorado mais l'Amazone !
Pedro de Ursua tente sa chance vers le sud, mais il est tué, lors d'une mutinerie organisée par Lope de Aguirre qui, à son tour, est assassiné. Peu de temps avant sa mort, il a écrit sur son journal : « … ces histoires sont fausses et cette rivière ne charrie rien d'autre que du désespoir. »

À l'âge de soixante-dix ans, Jiménez de Quesada, nommé gouverneur du royaume de Nouvelle-Grenade, est toujours rongé par ce mystère et il veut en avoir le cœur net. Il repart avec trois cents soldats espagnols, mille cent chevaux et mille cinq cents porteurs indiens. Cette expédition va être un échec: après trois ans d'enfer, seuls vingt-cinq hommes en reviendront vivants. Antonio de Berrio descendra tout l'Orénoque, avec vingt canots et deux cents chevaux qui suivent sur les berges. En 1595, à l'âge de soixante-quinze ans, il est fait prisonnier par l'aventurier anglais Walter Raleigh, sur l'île de Trinité.
Ce dernier remonte l'Orénoque, mais ne dépasse pas la première cataracte. En 1617, il est renvoyé par le gouvernement anglais à la recherche de la ville d'or à la seule condition, toutefois, de ne pas s'en prendre aux colons espagnols. Ayant attaqué le fort de Santo Tomas, il est décapité à son retour en Angleterre.

Certains experts affirment que ce mystère de l'Eldorado sera éclairci le jour où sera retrouvée la ville perdue de Muribeca, une cité inconnue mentionnée sur un vieux document d'archives de 1753 – le manuscrit n° 512 du fonds des rapports coloniaux d'exploration du territoire brésilien – gardé jusque dans les années 1930 à la Bibliothèque nationale de Rio de Janeiro, date à laquelle il fut volé !
Cette cité inconnue, découverte en 1750 par des prospecteurs de métaux précieux, ne fait que s'ajouter à la liste des villes encore à découvrir, enfouies dans les forêts d'Amazonie, comme Païtiti, cité fastueuse, riche en or. L'emplacement de cette cité perdue est soit dans le sud du Chili, soit dans une très haute vallée de la cordillère des Andes, ouverte sur les provinces de Cautin ou de Malleco, soit dans le nord, quelque part sur les versants abrupts de l'Aconcagua, la plus haute montagne du pays. Pavée de dalles d'argent, aux murs et toitures plaqués d'or fin, la ville serait gouvernée par un souverain, grand maître de la magie et de la sagesse. On peut y voir d'étranges idoles en or réalisées par des hommes venus de l'est il y a très longtemps pour se réfugier dans ces parages après un effroyable cataclysme. Est-ce une allusion faite à la destruction de l'Atlantide ?

Un Franciscain, Augustin Moreno, âgé de quatre-vingt-dix ans, aurait découvert dans les archives de son monastère, à Quito, l'emplacement du trésor d'Atahualpa. Il craint aujourd'hui pour sa vie car des aventuriers sans foi ni loi pourraient utiliser tous les moyens, y compris la torture, pour lui faire avouer son fantastique secret.

Après que le colonel péruvien Faustino Maldonado, parti à la recherche de la cité mythique, s'est noyé en 1861 dans le rio Madeira, la société anglaise Contractors se lance, en 1909, dans des travaux de drainage du lac, en creusant un tunnel de trois cents mètres de long à travers la montagne. Après treize ans d'efforts, ils arrivent à baisser le niveau du lac de vingt-cinq mètres. Mais le fond se révèle rempli d'une épaisse vase qui durcit, au fur et à mesure de l'assèchement. Ils parviennent quand même à récupérer divers ornements, bijoux et pierres précieuses, dont de magnifiques bracelets, une coiffe en or de guerrier, un serpent en or, des bols en or et des émeraudes. Mais cela ne rembourse pas leur investissement. Le 12 juillet 1913, une nouvelle compagnie est créée mais, malheureusement, la Première Guerre mondiale met un terme à ce nouveau projet.

En 1920, le colonel anglais Percy Harrison Fawcett décide de monter une première expédition, partant de Bolivie, pour chercher dans le Mato Grosso brésilien. Il découvre des vestiges d'une civilisation très ancienne et, fort de ce premier résultat encourageant, repart en février 1925 avec son fils aîné, Jack, âgé de vingt-trois ans, et le jeune Raleigh Rimmel. Son expédition, solidement appuyée par la Société royale de géographie de Londres, prend la direction des rivières Xingu et Tapajos. On sait que leur dernière étape connue est Cuiabá, où ils arrivent le 4 mars 1925. Les trois membres de l'expédition s'engagent ensuite dans l'enfer vert amazonien, pour ne jamais plus réapparaître. Ont-ils été massacrés par les énigmatiques Indiens blancs à cheveux roux, gardiens du trésor ? En tout cas, de nombreuses expéditions japonaises, américaines, etc., ont tenté de percer les secrets de cette région, mais aucune n'en est revenue… Le dernier explorateur de cette liste est l'anthropologue norvégien Lars Hafskjold, lui aussi disparu sans laisser de trace.

En 1955, l'Allemand Hans Ertl croit avoir percé le secret, avec la découverte du Cerro Païtiti, au nord-est du lac Titicaca, mais il ne peut en apporter la preuve. À partir de 1957, le Péruvien Carlos Neuenschwander monte vingt-sept expéditions, sans succès. En décembre 1975, des photos satellites mettent le monde scientifique en émoi, en révélant des structures pyramidales dans la forêt vierge, près d'un site appelé Paratoari. On va découvrir, dix kilomètres plus loin, de mystérieux pétroglyphes gravés sur une falaise. De nombreux chercheurs considèrent ces signes comme une carte codée, indiquant le chemin qui mène à Païtiti. En 1979, Herbert et Nicole Cartagena trouvent, à proximité du site, les restes de l'antique cité inca de Mameria.
D'autres expéditions sont toujours en marche actuellement dans la jungle péruvienne. Depuis 1993, le Français Thierry Jamin en est à sa quatrième expédition et pense avoir résolu l'énigme. L'Américain Gregory Deyermenjian, lui, en est à sa treizième expédition…

Une anecdote peut nous donner une idée de l'importance du trésor des Incas : vers 1535, les Espagnols dépêchent auprès de Manco Inca – dernier souverain inca du Pérou – l'ambassadeur Ruiz Diaz, à qui l'on propose un étrange marché. Manco fait apporter un plein boisseau de maïs dont il répand à terre le contenu. Il prend un grain de maïs et le présente à Diaz en disant : « Voici ce que les Espagnols ont pris de notre or », puis, désignant ce qui reste à terre, il ajoute : « Voilà ce qui nous reste et que je peux vous donner, si vous vous engagez à quitter mon pays. »

Le trésor des Incas est le plus colossal de tous les trésors de la terre, d'une valeur peut-être égale à celle de tous les trésors du monde réunis. De plus, comme il s'agit d'objets rares, son prix est inestimable. Soyez certains que les cachettes sont actuellement connues de quelques prêtres quichuas vivant dans d'humbles villages des Andes, et qui ont pour mission de garder le secret et de perpétuer le culte du soleil…

Expédition de Gonzalo Jimenéz de Quesada.

Sculpture du diable servant de support à un bénitier, dans l'église de Rennes-le-Château.

LE TRÉSOR DE RENNES-LE-CHÂTEAU

Tout commence en 1883. Bérenger Saunière, âgé de trente-six ans, est curé de Rennes-le-Château, petite paroisse de trois cent cinquante habitants du sud de la France, dans l'Aude, au milieu des châteaux cathares. Saunière est un homme cultivé et il s'est documenté, depuis trois ans qu'il a la cure de ce village, sur l'histoire de la région. Il a ainsi appris que sept cents ans auparavant, ce bourg était une grande citadelle, Rhedae, de plus de trente mille habitants, qui servait de refuge aux troupes royales sur la route de l'Espagne. Il découvre également qu'en 1645, un jeune berger du nom d'Ignace Paris, parti à la recherche d'une de ses brebis égarées, a fait la découverte d'un énorme trésor dans une grotte du plateau de Razès, mais qu'il n'a jamais révélé l'endroit.

(1891)

Saunière décide de faire restaurer légèrement sa petite église délabrée, dédiée à sainte Marie-Madeleine, datant du Moyen Âge et consolidée par les Templiers au XIIe siècle. Il obtient avec difficulté un maigre crédit municipal qui lui permet d'engager deux maçons de la région.

En 1891, les trois hommes découvrent une cavité derrière le maître-autel qui révèle trois rouleaux en bois contenant des manuscrits comportant la signature de la reine Blanche de Castille. Quelques jours plus tard, une pierre sculptée est découverte en déplaçant une dalle. L'abbé fait alors creuser et, à plus d'un mètre de profondeur, les pioches butent contre un chaudron métallique plein de pièces d'or et de pierres précieuses. Les jours suivants, plusieurs dizaines d'objets en or, certains incrustés de pierres précieuses, sont également découverts.

Saunière a-t-il trouvé dans les documents la clé du fabuleux trésor du plateau de Razès ? Quoi qu'il en soit, l'abbé et sa jeune servante et confidente, Marie Denarnaud, commencent à faire d'incessants allers-retours entre le plateau de Razès et le cimetière, où se situent des tombes avec d'étranges inscriptions, dont celle de la comtesse Hautpoul-Blanchefort. L'abbé Saunière s'empresse d'ailleurs d'effacer lui-même les inscriptions gravées sur cette pierre tombale.

Ci-dessous : Photographies de Marie Denarnaud et de l'abbé Bérenger Saunière.

À droite, en haut : L'abbé Saunière et Marie Denarnaud photographiés dans le jardin de la villa Béthanie (carte postale du début du XXe siècle).

En bas : Emma Calvet.

3. Rennes-le-Château — Villa Béthanie

Saunière se rend en voyage dans différents pays d'Europe et, soudain, des sommes très importantes, sous forme de mandats, affluent à Rennes-le-Château à l'intention de Marie Denarnaud. L'abbé se lance, dès ce moment, dans des dépenses somptuaires. Il ne se contente pas de rénover son église – plus de seize mille francs-or sont dépensés en 1897 –, mais fait construire plusieurs maisons, dont une luxueuse pour sa servante, qui devint sa maîtresse reconnue. Il se met à mener grand train, avec table ouverte pour tous les gens importants des environs. Quand le maire s'inquiète de son train de vie princier, il lui offre, pour son silence, une somme de cinq mille francs-or. Pour la bagatelle d'un million de francs-or, il se fait construire une villa grandiose, la villa Béthanie, ornée de remparts et d'une tour, la tour Magdala, qui domine toute la région. Il aménage un jardin exotique avec des singes, devient l'amant déclaré d'Emma Calvet, une grande cantatrice de l'époque, fait réparer le presbytère et construire un mur d'enceinte pour le cimetière, fait édifier un kiosque dans un splendide jardin à rocailles et à jets d'eau. Rien n'est trop beau pour lui. Il achète des meubles magnifiques et des robes de grand couturier pour Marie, sa servante. Il fait venir son rhum de la Jamaïque, engraisse les canards de sa basse-cour avec des biscuits à la cuillère, lance un élevage de chiens de race…
Quand le nouvel évêque de Carcassonne lui demande de lui expliquer d'où proviennent ces sommes fabuleuses qu'il dépense ainsi depuis maintenant neuf ans, Saunière répond que ce n'est là que le résultat de dons reçus en échange de prières et de messes. La fortune de l'abbé étant estimée à deux cent mille francs-or, l'évêque l'accuse alors de simonie et le suspend *a divinis*, le 23 mai 1911 (c'est l'une des plus graves sanctions ecclésiastiques, comprenant l'interdiction de dire la messe et d'administrer les sacrements).

Le trésor de Rennes-le-Château

Quatre ans plus tard, le Vatican va lever la sanction de manière inexpliquée. De toute façon, Saunière, pendant l'interdiction, a continué à dire la messe dans la chapelle de sa villa où se presse la quasi-totalité des paroissiens. L'abbé désire faire d'autres investissements : surélever la tour de sa villa, faire construire une nouvelle route, acheter une auto, entreprendre des travaux d'adduction d'eau dans tout le village, pour un devis total de huit millions de francs-or…

Il signe les bons de commande le 5 janvier 1917, mais le 22 janvier 1917, une cirrhose du foie foudroyante l'emporte brutalement, avec son secret. L'abbé Rivière d'Esperaza, qui recueille les dernières paroles de Saunière sur son lit de mort, obtient du mourant des confessions. À partir de ce jour, il perd le sourire à tout jamais et devient fou quelques années plus tard. Qu'a bien pu lui révéler Saunière ?

Marie Denarnaud, propriétaire de tous les biens et qui connaît tous les secrets de l'abbé, se retire dans une retraite très fermée. Elle se lie pourtant d'amitié avec un certain Noël Corbu, qui a pris pension chez elle et à qui elle promet de « tout révéler », avant de mourir. Mais elle meurt subitement le 18 janvier 1953 d'une congestion cérébrale, sans avoir eu le temps de parler. « Tu verras, mon fils, lui avait-elle dit, je te révélerai un jour un terrible secret… Tu ne sauras que faire de l'argent, tellement tu en auras à dépenser… »

De nombreux chercheurs de trésors se sont attelés à la tâche de retrouver le trésor du plateau de Razès. Les jalousies ont causé le décès suspect de plusieurs personnes liées de près au trésor. Au XXe siècle, deux caches (de respectivement vingt kilos d'or et de cinquante kilos de monnaies d'or) ont été trouvées dans les environs.

La thèse la plus couramment admise est qu'il pourrait s'agir de plusieurs trésors : celui des Wisigoths, volé à Rome en 410, le second trésor des cathares, sauvé du château de Montségur en 1244 et, enfin, celui que Blanche de Castille fit cacher en 1250.

Une autre théorie propose que ce serait un vieux sculpteur du pays qui aurait monté toute cette histoire en gravant les diverses dalles et écrit, sur des pages de vieux livres, les documents et parchemins, avec une plume d'oie trempée dans une encre composée de baies de sureau mélangée à de la gomme arabique, la rendant ainsi indatable.

Mais ce qui pourrait être une preuve indiscutable que le plateau de Razès contient bien un énorme trésor en or, ce sont ces « larmes d'or » que l'on a découvertes sur les flancs du plateau, après un violent incendie…

À gauche, en haut et au milieu : *L'église de Rennes-le-Château et son porche.*

En bas : *La tombe de l'abbé Saunière.*

Ci-dessous : *La tour Magdala.*

LE TRÉSOR DE TOUTANKHAMON

L'Égypte est le pays le plus pillé au monde. Aujourd'hui encore, on s'aperçoit régulièrement de vols commis dans la Vallée des Rois ou en plein désert. Mais autrefois, une véritable industrie du pillage était florissante et on doit constater qu'il est extrêmement rare de retrouver une ancienne sépulture qui n'ait pas été visitée par des bandes de pillards, à la recherche des richesses qu'elle contenait.

(1338 av. J-C.–1922)

Ouverture du mur de la chambre funéraire par Howard Carter.

Les momies ont elles aussi suscité la convoitise des voleurs, car elles étaient l'objet d'étranges croyances. À l'époque médiévale, elles étaient utilisées comme de puissants médicaments ou aphrodisiaques. La poudre de momie (*mumia*) était vendue très cher et les gens fortunés portaient souvent sur eux un petit sachet rempli de cette poudre. Il paraît que François Ier ne se déplaçait jamais sans une petite bourse, accrochée à sa ceinture, contenant de la poudre de momie dont il abusait pour « préserver sa santé ». Les découvertes de momies vont être si fréquentes qu'on va même les utiliser comme carburant dans les chaudières.

En 1912, Howard Carter, un ancien employé du Département des antiquités d'Égypte, qui travaille dans le pays depuis 1891 (il n'avait alors que dix-sept ans), se lance à la recherche de la tombe du successeur du pharaon Akhenaton, le jeune Toutankhamon, mort à l'âge de dix-huit ans sans avoir eu d'enfant. Il régna de 1334 à 1325 av. J-C, et ne fut pas considéré comme un chef d'État particulièrement important. Cette insignifiance a eu pour résultat qu'on a oublié sa tombe, qui put ainsi rester intacte jusqu'au moment de sa découverte.

Ci-dessus : *Photographies de Howard Carter devant l'entrée du tombeau de Toutankhamon et de Lord George Carnarvon.*

À droite : *L'antichambre du tombeau.*

Toujours en 1912, le Français Gaston Maspero, directeur du Département des antiquités, au Caire, accorde une concession à un certain Lord Carnarvon, mécène passionné par l'Égypte ancienne et grand collectionneur, qui a commencé à financer les travaux de Carter. Après dix longues années de fouilles, seul un petit triangle de terrain n'a pas été fouillé et Carter est prêt à abandonner. Cependant, il arrive à convaincre Carnarvon de financer une dernière campagne de fouilles dans cette vallée qu'il connaît désormais par cœur.

En 1922, on estime que malgré tous les ruses et pièges utilisés pour empêcher les pilleurs de tombes de s'emparer des trésors qui accompagnaient les pharaons et les notables dans leur voyage éternel, la Vallée des Rois a livré tous ses secrets. Toutes les sépultures s'y trouvant semblent avoir été pillées, certaines même peu de temps après les funérailles. Théodore Davis, un riche avocat américain à la retraite, après avoir lui-même exhumé près d'une trentaine de tombes vides, déclare à la presse que la nécropole est « épuisée ».

Le 4 novembre 1922, en arrivant sur le chantier, Carter est accueilli par les fellahs (paysans égyptiens) dans un silence impressionnant. Sous les vestiges des cabanes des ouvriers qui ont construit la tombe de Ramsès IV, au XIIe siècle av. J.-C., ils viennent de découvrir une marche d'escalier taillée dans le roc. Plusieurs marches sont rapidement dégagées et, au crépuscule, apparaît au bas de l'escalier de douze marches le haut d'une porte scellée portant le sceau d'Anubis.

Après avoir été prévenu par télégramme, Lord Carnarvon, accompagné de sa fille, arrive d'urgence sur les lieux. Carter et lui-même s'aperçoivent très vite que la porte a déjà été fracturée et qu'un tunnel a été creusé. Le 26 novembre, au bout d'un corridor de huit mètres de long, une deuxième porte est atteinte.

Le trésor de Toutankhamon

Carter pratique alors une petite ouverture permettant de passer une bougie. L'air chaud qui s'échappe de la chambre fait vaciller la flamme, puis, à mesure que ses yeux s'accoutument à l'obscurité, des formes étranges se dessinent lentement, d'étranges animaux, des statues et partout le scintillement de l'or… Pendant quelques secondes, qui semblent une éternité à ses compagnons, il reste muet de stupeur. « Je vois des choses merveilleuses », arrive-t-il à murmurer. Dix années de patience et d'acharnement sont enfin récompensées. La première chambre, de dimensions modestes, regorge d'objets. Les parois sont enduites d'un plâtre peint en jaune, sur lequel ont été peintes des scènes religieuses qui convergent vers le mur ouest, c'est-à-dire l'occident, domaine des morts que doit rejoindre le défunt. Parmi les objets, Carter découvre trois lits funéraires dorés, dont les montants sculptés figurent des animaux monstrueux d'un réalisme étonnant. Puis il aperçoit deux chars dorés, ainsi que deux statues en bois – représentant le pharaon – grandeur nature, se faisant face, telles des sentinelles, habillées d'un pagne et de sandales d'or, armées d'une massue et d'une longue canne et portant au front le cobra sacré. Deux coffrets de vases canopes renferment les viscères du pharaon et sur le seuil de la chambre repose une magnifique coupe d'albâtre translucide, en forme de lotus. Même si l'essentiel du mobilier funéraire est toujours en place, le désordre qui règne dans la pièce indique clairement que

LES TRÉSORS TERRESTRES

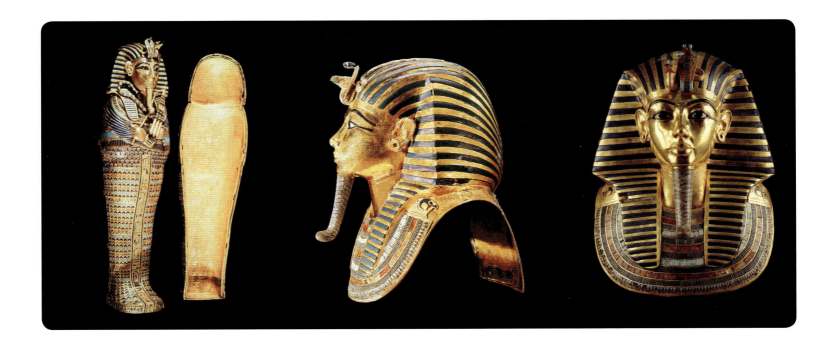

des voleurs ont réussi à s'y introduire et ont fouillé à la hâte, probablement peu de temps après les funérailles, et ont emporté les petits objets et bijoux facilement transportables. Dans leur fuite, les pillards ont même dû abandonner certains objets, qui sont retrouvés dans le couloir menant à la sortie. Howard Carter estime que soixante pour cent des bijoux ont été dérobés ! Il distingue une brèche, sur l'un des murs, replâtrée vraisemblablement par des prêtres consciencieux qui s'étaient aperçus du forfait. De plus, entre deux sentinelles noires se dessine une autre porte scellée.

Avant de la percer, il décide d'inventorier, de photographier et de vider la pièce remplie de presque sept cents objets, dont la plupart portent le nom de Toutankhamon. Sept semaines sont nécessaires, le site étant placé sous protection militaire. Chaque objet suscite l'admiration de Carter, de Carnarvon et de leurs compagnons : cannes finement sculptées, arcs, flèches, chefs-d'œuvre d'orfèvrerie, torchères en bronze et en or, vases de libations en albâtre, collerettes, bagues, tasses en faïence, boomerangs en électrum, statuettes, etc. Dans plusieurs coffres, il trouve des tenues de cérémonie parsemées d'or, d'argent et de pierres précieuses. Après avoir inventorié puis vidé l'antichambre royale de son contenu, c'est en présence d'une vingtaine d'invités de marque que Carter et Lord Carnarvon s'apprêtent, le 17 février 1923, à percer l'énigmatique mur scellé.

Les rumeurs les plus folles circulent déjà parmi la presse internationale et la jet-set, qui ont fait le voyage jusqu'à Louqsor. On raconte que la chambre funéraire serait protégée par des serpents venimeux ou des insectes à la piqûre mortelle. L'atmosphère est tendue. Une question est sur toutes les lèvres : la tombe contient-elle d'autres trésors ? Après avoir ôté la couche superficielle de plâtre, Carter retire un à un les blocs de pierre. Pendant dix minutes, les spectateurs, assis sur des chaises face au mur, retiennent leur souffle. Quand, enfin, Carter plonge dans la brèche une lampe torche, le faisceau se réflécit sur un mur recouvert de feuilles d'or. C'est la première des chapelles funéraires destinées à protéger le sommeil éternel de Toutankhamon. Elle occupe la quasi-totalité de la pièce, ne laissant qu'un passage de cinquante centimètres de large. Les perles d'un collier éparpillées sur le sol indiquent le passage de pilleurs.

À gauche : *Carter et Carnarvon entrent pour la première fois dans le tombeau de Toutankhamon. À l'intérieur, de nombreux objets funéraires.* In Le Pélerin, *janvier 1923.*

Ci-dessus : *Le sarcophage et le masque d'or de Toutankhamon.*

Le suspense est alors à son comble. Les pilleurs ont-ils réussi à arriver jusqu'au sarcophage ? En inspectant la porte d'une deuxième chapelle, Carter découvre qu'elle porte un sceau encore intact ! Avant de pouvoir atteindre trois sarcophages anthropomorphes et la momie du pharaon, ce sont quatre chapelles successives, littéralement emboîtées les unes dans les autres, qui sont mises au jour. Leurs surfaces sont stuquées, recouvertes de feuilles d'or et ornées de textes gravés. La plus grande mesure près de cinq mètres de long, trois mètres de profondeur et presque trois mètres de haut. Le dernier sarcophage, celui qui contient la dépouille du pharaon, est en or massif et pèse plus d'une tonne ! Le corps embaumé porte sur le visage un masque d'or scintillant de onze kilos, à l'effigie du jeune pharaon, et est recouvert de pectoraux et de bijoux en grande quantité. Sur son corps, on en trouve cent cinquante, presque tous en or.

Quand Lord Carnarvon et Carter pénètrent dans la chambre funéraire, ils aperçoivent, à la lumière de leurs torches, une ouverture menant sûrement à une autre pièce. Devant cette porte dorée se tient une majestueuse statue d'Anubis, trônant sur un coffre à canopes recouvert d'or. Les deux archéologues savent qu'ils ne pourront pas explorer le contenu de cette nouvelle chambre avant plusieurs mois, le temps de démonter les chapelles funéraires, d'ouvrir les sarcophages et d'abattre la porte scellée, en conservant chaque fragment. Cela prendra en fait trois ans.

En octobre 1926, le temps est venu de pénétrer dans cette nouvelle pièce qui ne va pas tarder à être appelée « chambre du Trésor ». Dès son entrée dans la pièce, Carter remarque un coffre triangulaire, incrusté de marqueteries, représentant le jeune roi sous la forme d'un sphinx, avec d'autres dessins relatant une partie de chasse. Malheureusement, il ne peut que constater, là aussi, que les pillards sont passés et Carter estime qu'au moins les deux tiers des bijoux que contenaient les coffres ont été dérobés, sûrement les plus précieux et les plus petits. Dans un coffre plaqué or, bordé d'ébène et incrusté de hiéroglyphes bleus, il trouve, entassés dans un grand désordre, des bijoux, bracelets, boucles d'oreilles, amulettes, pectoraux, sceptres, et une écharpe cérémonielle composée de centaines de perles de faïence bleue. Tous ces bijoux extraordinaires sont en or, en lapis-lazuli, en turquoise, en coralline, en jaspe rouge. Dans un autre coffre, il découvre une pièce rarissime : un éventail fait de trente plumes d'autruche fixées à un manche en ivoire !

Vingt-deux remarquables modèles réduits de bateaux, tous ayant la proue orientée vers l'ouest, sont également mis au jour. Une énorme tête de vache sacrée en bois doré, avec de larges cornes lyriformes en cuivre, est soigneusement enveloppée dans un drap de lin. En plus de deux petits sarcophages contenant des fœtus momifiés, ils découvrent, le long des murs, vingt-deux petites armoires renfermant des statuettes en bois plaqué or.

Elles sont censées posséder un pouvoir magique, et l'une d'elles porte une inscription étrange : « C'est moi qui empêche le sable d'ensevelir cette tombe ; c'est moi qui repousse tout malfaiteur avec le souffle brûlant du désert. Je suis dans cette tombe dans le but de protéger Osiris Toutankhamon. »
D'autres coffres, en bois peint ou doré, richement ornés, renferment du matériel pour écrire, des médicaments, des modèles réduits. Des jarres ayant contenu du vin et de la bière sont également découvertes. Au total, la chambre du Trésor va livrer presque cinq cents objets différents.

Une quatrième chambre va encore être exhumée. Il s'agit de la « salle de la Renaissance » que Carter surnomme simplement « l'annexe ». C'est entre les deux impressionnantes statues noires des gardiens de la tombe que son entrée va être découverte. Elle sera explorée à son tour, cinq ans après la découverte du tombeau. Cette salle mesure quatre mètres de long sur deux mètres quatre-vingt-dix de large. Elle est encombrée d'une quantité incroyable d'objets déposés dans un grand désordre et empilés sur plus d'un mètre quatrevingts de haut. Certains sont brisés, preuve supplémentaire que des voleurs ont aussi violé ce lieu. Au milieu de sièges, de tabourets, de lits, de corbeilles, d'amphores, de coffres, de jouets, de vêtements et de vaisselle, les pillards ont manifestement recherché les objets en or et en pierres précieuses.

À gauche : *Découverte du trésor. Une du Petit Journal (1923).*

Ci-dessus : *Détail du trône de Toutankhamon.*

Ci-contre : *Sur une fresque du tombeau, Toutankhamon fait ses adieux à son épouse.*

Le trésor de Toutankhamon

Ci-contre: Toutankhamon et son épouse, relief en or dans le tombeau.

À droite: Howard Carter (à droite) examinant une statue en bois du tombeau.

Des dizaines de paniers, faits de feuilles de dattier tressées et destinés à recevoir de la nourriture pour Pharaon, jonchent le sol. Trois douzaines de jarres à vin, ainsi que quarante-trois vases à onguents, en albâtre poli, sont également répandus sur le sol, dans un désordre indescriptible. À côté de coffrets remplis de souvenirs de l'enfance de Toutankhamon, ils découvrent un lit magnifique d'un mètre soixante-quinze de long, entièrement doré à la feuille. Non loin de là, repose un cabinet sur pied en acajou rouge et en ébène, avec ses pans incrustés de pierres bleues et or. Dans quatre boîtes ayant échappé aux pillards, ils découvrent de merveilleux objets: des vêtements en lin, plusieurs chevets, une peau sacerdotale couverte d'étoiles d'or et d'argent, un scarabée en or et lapis-lazuli, un sceptre en or massif, des collerettes, des colliers en faïence, des bagues en or.

Dans les quatre salles, ils retrouvent plusieurs chaises et fauteuils mais, dans l'antichambre, ils tombent sur un trône. « C'est l'un des meubles les plus magnifiques jamais mis au jour! » s'exclame Lord Carnarvon. Ce chef-d'œuvre de l'ébénisterie égyptienne, protégé par plusieurs bandes de lin noir, repose sous l'un des trois lits rituels, surmonté de quatre têtes d'hippopotame. D'une hauteur d'un mètre quatre, il est sculpté dans un bois dur, recouvert de feuilles d'or et d'argent et incrusté de verre coloré, de faïence et de pierres semi-précieuses. Les pieds antérieurs du trône épousent la forme de pattes de fauves surmontées de majestueuses têtes de lion. Quant au dossier, la scène représente la reine versant du parfum sur son jeune époux, Toutankhamon, qui fait face à sa jeune veuve. Les rayons solaires, qui se terminent par des mains, viennent caresser le couple royal. Les corps et les visages des monarques sont en pâte de verre rouge, leurs vêtements sont plaqués d'argent et leurs coiffes sont faites de pâte de verre colorée. Le déménagement complet des deux mille pièces trouvées durera une décennie supplémentaire.

La veuve de Lord Carnarvon, qui disparaît brutalement quelques mois après la découverte de la tombe de Toutankhamon, vend la collection de mille deux cent dix-huit objets au Metropolitan Museum of Art de New York. Howard Carter, pour sa part, doit céder à la pression des autorités égyptiennes et ne tire presque aucun profit de sa découverte. Il n'obtient, au terme de pourparlers souvent difficiles, que les droits de publication de la mise au jour, l'État égyptien conservant deux mille quatre-vingt-dix-neuf pièces, dont environ mille sept cents sont désormais exposées au musée du Caire et au musée de Louqsor.

Beaucoup d'égyptologues s'accordent à dire aujourd'hui qu'une infime partie de la Vallée des Rois a été mise au jour et que de nombreuses découvertes sont encore à venir. Avis aux amateurs…

Howard Carter possède un canari auquel son équipe
s'est attachée. Pour lui, ce petit oiseau est un porte-bonheur.
Mais quelques jours avant l'ouverture du tombeau
de Toutankhamon, le canari connaît un sort tragique :
un cobra se glisse dans sa cage et l'avale.
Le cobra est le serpent des pharaons, symbole
de la royauté, et les ouvriers voient dans cet incident
un mauvais présage.

LES TRÉSORS BÉNÉFIQUES & MALÉFIQUES

*Harry Winston,
dernier propriétaire
du Hope.*

Dans l'année qui suit la découverte, Lord Carnarvon, à la suite d'une piqûre de moustique qui s'est infectée, est pris de fièvre et son état empire rapidement. On le ramène au Caire où il meurt, le 5 avril 1923, soit cinq mois environ après l'ouverture du tombeau, dans une crise de délire, en hurlant le nom de Toutankhamon. On raconte qu'à cet instant précis, les installations électriques de la ville ont sauté, la plongeant subitement dans l'obscurité. Il devient ainsi la première victime de ce que les médias vont appeler la « malédiction du pharaon ».

La suite des événements va combler les journalistes avides de sensationnel, car c'est bientôt au tour de son frère, le colonel Audrey Herbert, de décéder puis de l'infirmière qui l'a soigné. George Bénédite, égyptologue attaché au Louvre, meurt après avoir visité le tombeau, tout comme son homologue américain, Arthur Mace, qui avait percé le mur. Le professeur Lafleur, qui étudie les objets découverts dans le tombeau, disparaît à son tour. Le docteur Evelyn White est victime d'un malaise, sombre dans une profonde dépression et finit par se pendre. Le radiologiste Douglas Reed, qui a découpé les bandelettes entourant la momie et radiographié la dépouille, meurt dès son retour en Angleterre. Peu après, l'industriel anglais, Joel Woolf, qui a lui aussi visité le tombeau, est pris d'un violent accès de fièvre sur le bateau qui le ramène en Angleterre et meurt. Le professeur Douglas Derry, ainsi que l'épouse de Lord Carnarvon, décèdent à leur tour. Inquiètes, les autorités égyptiennes envoient sur le chantier un observateur… qui meurt, lui aussi. Puis c'est le tour des professeurs Winlock, Breastead, Hakness, Gardiner, Woolf, etc. Au total, on dénombre jusqu'à vingt-sept décès « mystérieux » !

La plupart des victimes ont été atteintes de pneumonies asphyxiantes. La presse évoque un virus resté captif de la tombe pendant trois mille ans, des champignons toxiques pour l'homme ou même des substances secrétées par les chauves-souris. On se souvient alors que, dans l'antichambre du tombeau, une tablette d'argile avait été trouvée par Carter, sur laquelle une inscription en hiéroglyphes disait : « La mort touchera de ses ailes quiconque dérangera le repos de pharaon ».

Or Howard Carter, Callender, et Evelyn Carnarvon, la fille de Lord Carnarvon, qui présidèrent avec lui à l'ouverture du tombeau, ont terminé paisiblement leurs jours, bien des années plus tard… On raconte que Carter aurait survécu à cette malédiction, pendant encore dix-sept ans, car il possédait un talisman, ou plus exactement une bague trouvée dans la Vallée des Rois dans la tombe d'un prêtre nommé Jua, en 1860, par le marquis d'Agrain, autre égyptologue réputé, qui l'aurait offerte ensuite à Carter. Cette bague, sculptée en grès d'Assouan, et dont la gravure est basée sur le principe de la radionique, aurait été fabriquée par des Atlantes, dont les anciens Égyptiens étaient les héritiers.

Les anciennes civilisations accordaient un pouvoir magique aux pierres précieuses et à certains bijoux qu'ils utilisaient comme amulettes. C'est ainsi que des personnages de la Bible, comme Adam, Aaron et Moïse portaient des vêtements couverts de gemmes (rubis, topazes, diamants, opales, agates, chrysolithes, onyx, améthystes, jaspes, saphirs, émeraudes, or… Le roi Salomon (Xe siècle av. J.-C.) possédait un anneau précieux d'une valeur fabuleuse qui lui donnait le pouvoir de commander aux génies, aux démons et à la nature. Selon la légende, il est dit que ce talisman se trouve dans la tombe inconnue du roi et que celui qui le découvrira un jour sera maître du monde.

Gengis Khan (1162-1227), miniature perse du XVIe siècle.

Les pierres précieuses ont des pouvoirs naturels connus depuis l'Antiquité. Certaines pierres ont un pouvoir de rayonnement qui peut perturber, en bien ou en mal, notre existence. Gengis Khan qui, au XIIe siècle, gouvernait sur la Mongolie, la Chine, l'Inde, l'Afghanistan, la Perse et une bonne moitié de l'Europe, portait à l'index droit une bague surmontée d'un légendaire rubis gravé d'une croix gammée, signe introduit en Inde par les Aryas, peuple nordique descendant d'Hyperborée. Des historiens célèbres se sont étonnés que cet homme inculte, ancien gardien de moutons, ait pu, avec une poignée de nomades, asservir des empires et des peuples mille fois plus évolués que le sien !

Le diamant représente un symbole de constance, de force et de loyauté, qui renforce l'amour et promet l'harmonie dans le mariage. Mais attention, l'histoire nous apprend que certains diamants sont dotés de pouvoirs maléfiques entraînant leurs possesseurs vers une fin tragique.

Les trésors bénéfiques et maléfiques

L'un des plus illustres est incontestablement le Koh-i-Noor, qui est exposé à la Tour de Londres, après que la reine mère Mary, épouse de George V, s'en fut dessaisie, sur les conseils pressants de son entourage. Ce qui est incroyable mais vrai, c'est que tous ceux qui l'ont possédé ont connu des destins tragiques. Découvert au début du XIVe siècle en Inde, ce joyau n'a jamais été vendu. Il a toujours été obtenu soit par vol, trafic, conquête ou assassinat, depuis son vol, en 1526, par le sultan Baber, fondateur de l'empire moghol de l'Inde. Lui-même et ses successeurs connaissent tous des fins dramatiques. En 1739, Nadir Shah, après avoir saccagé Delhi, le ramène en Perse où il est assassiné. Les Anglais s'en emparent vers le milieu du XIXe siècle et, à nouveau, une série d'emprisonnements, de tortures et de morts violentes frappe les détenteurs du diamant. Depuis, aucun souverain anglais n'a plus jamais osé le porter.

Un autre diamant possède ce caractère maléfique : c'est le Hope, plus connu sous le nom de « diamant bleu ». Ce joyau, qui était incrusté dans une idole aux multiples pouvoirs, a été volé par un prêtre hindou qui fut mis à mort pour ce sacrilège. Il échoue entre les mains d'un certain Jean-Baptiste Tavernier, un marchand français, qui revient du sultanat de Golconde en décembre 1668, avec plusieurs très beaux diamants dont le plus gros est ce diamant de 115,16 carats. La pierre a été polie selon l'usage indien de l'époque, c'est-à-dire en suivant les faces naturelles de cristallisation et de clivage, pour garder ainsi la pierre la plus grosse possible, aux dépens de la brillance. Début 1669, Tavernier le vend, ainsi qu'un millier d'autres diamants, à Louis XIV. Ce dernier fait retailler le diamant bleu dans le goût occidental de l'époque. La pierre précieuse est ensuite sertie dans une broche épinglée à une cravate.

Mais ce diamant va porter malheur à tous ceux qui l'approchent. Dès son retour aux Indes, Tavernier est dévoré par des tigres. Le surintendant Fouquet emprunte le diamant pour un banquet officiel et, peu de temps après, est soupçonné de malversations et emprisonné à vie. Le diamant porte malheur, successivement, à Mme de Maintenon, à Louis XIV, à Louis XV, à Louis XVI, à Marie-Antoinette et à la princesse de Lamballe.

En 1749, Louis XV demande au joaillier Pierre-André Jacquemin d'inclure le diamant bleu dans l'insigne de l'ordre de la Toison d'Or de la parure de couleur du roi. Cette médaille magnifique, chef-d'œuvre absolu de l'orfèvrerie rococo, comprend le superbe diamant bleu, cent douze diamants peints en jaune, quatre-vingt-quatre diamants peints en rouge, des rubis pour 107,88 carats, le gros brillant « Bazu » de 32,62 carats, trois saphirs jaunes, quatre diamants en forme de brillants de 5 carats et deux cent quatre-vingt-deux diamants décorant la queue et les ailes d'un dragon.

Ci-dessus : *Jean-Baptiste Tavernier (1605-1689), premier propriétaire du Hope.*

À droite, en haut : *Le diamant Hope.*

En bas : *Mrs McLean portant le Hope.*

Entre les 11 et 16 septembre 1792, la Toison d'Or et le gros diamant bleu sont volés lors du sac du garde-meuble royal par une bande de trente voleurs. La grande majorité des joyaux de la Couronne qui y étaient exposés sont dérobés. Bien que la plus grande partie des bijoux royaux soient ensuite récupérés, les plus grands insignes royaux de chevalerie – dont la Toison d'Or et l'épée de diamant de Louis XIV – ont disparu.

Exactement vingt ans et deux jours après le sac du garde-meuble, c'est-à-dire deux jours après la date de prescription légale du vol, un diamant bleu de 45,5 carats, retaillé depuis le « diamant bleu » de la Couronne française, fait son apparition en Angleterre où il va poursuivre sa diabolique destinée.

Le premier propriétaire véritablement reconnu de ce « nouveau » diamant bleu est Henry-Thomas Hope, qui donne son nom à la pierre en 1830. Peu de temps après son acquisition, il meurt ruiné. Un Français, Jacques Colet, achète la pierre… et se suicide. Un prince russe, Yvan Kanitovich, l'achète à son tour… et est assassiné. Un sultan en devient propriétaire et l'offre à l'une de ses concubines. Peu de temps après, une dispute éclate entre eux, il tue sa concubine et est contraint d'abdiquer. Un Français, Simon Montharides, l'achète à son tour… et se tue dans un accident de voiture avec sa femme et sa fille. La pierre passe successivement entre les mains du joaillier Joseph Frankel qui l'achète en 1901 puis la vend, en 1908, à Selim Habib, marchand et collectionneur turc. Celui-ci la revend, en 1909, au joaillier français Roseneau qui la cède, enfin, en 1910, à Pierre Cartier, l'un des trois fils du joaillier Alfred Cartier. Les acheteurs se font de plus en plus rares, et le bijou perd de sa valeur. Mais la mauvaise réputation de la pierre ne décourage pas un Américain, Edmond Mac Lean, qui l'achète à Pierre Cartier, l'un des trois fils d'Albert Cartier. Aussitôt, les ennuis commencent pour lui : sa petite fille meurt et, afin d'oublier sa peine, il s'embarque pour une croisière sur le *Titanic*… et périt noyé en 1912. Enfin le dernier propriétaire de ce joyau, un joaillier américain du nom d'Harry Winston, refuse de « tenter le diable » et, en 1958, fait don du joyau à la Smithsonian Institution, où il se trouve encore aujourd'hui, présenté dans un magnifique écrin de velours. Récemment, la pierre a été montée sur un collier en platine, pour fêter les cinquante ans de l'achat du diamant par Harry Winston. La malédiction est, paraît-il, toujours dans la pierre ; on raconte qu'un visiteur anglais, Joël Dunglas, venait régulièrement admirer le joyau et en était fasciné, jusqu'au jour de 1964… où il se suicide en sortant du musée.

Les trésors bénéfiques et maléfiques

LE TRÉSOR DES TSARS

La Russie n'a jamais aimé dévoiler ses secrets. En 1719, le tsar Pierre le Grand a l'idée, afin de préserver les joyaux de son pays, de rassembler au palais d'Hiver de Saint-Pétersbourg tous les diamants et pierres précieuses ayant appartenu aux tsars. Depuis, la collection s'est considérablement enrichie. Ces bijoux sont entreposés dans les chambres fortes du Kremlin et l'on ne connaît pas l'intégralité du trésor. Les joyaux sont demeurés intouchés jusqu'en 1926, quand Staline, dont le pays est au bord de la misère, décide de vendre soixante-dix pour cent des pierres aux enchères chez Christie's, à Londres. Les joyaux des tsars, à la beauté indescriptible, seront ainsi dispersés aux quatre coins du monde.

(fin XIXᵉ siècle – début XXᵉ siècle)

Le tsar Nicolas II (1868-1918) et son épouse Alexandra Fedorovna, lors d'un bal donné à Saint-Pétersbourg en 1903.

Carl Fabergé et son atelier.

En 1884, le tsar Alexandre III demande à un joaillier, Carl Fabergé, de lui créer un bijou spécial pour l'offrir à son épouse bien-aimée, la tsarine Maria Feodorovna. Il va créer un œuf d'un raffinement extrême, fait d'émail translucide qui rappelle l'intérieur d'une coquille d'huître avec autour des incrustations d'or, d'argent et de pierres précieuses. Cet œuf provoque un émerveillement général à la Cour et, devant le succès de son œuvre, chaque année Fabergé va devoir créer un œuf, tel un symbole de vie et de résurrection, pour la famille impériale, et ceci durant onze années. À la mort d'Alexandre III, son fils Nicolas II n'abandonne pas la tradition, mais y fait ajouter une nouvelle particularité, celle de contenir une surprise dont le secret sera gardé jusqu'à l'ouverture de l'œuf. Ainsi, à la cour impériale, attendait-on avec impatience chaque année l'œuf symbolique, l'un commémorant une date importante, l'autre un événement marquant. On dit que la collection complète comporte cinquante-six œufs, mais qu'en réalité il y en avait cinquante-sept au moment de la Révolution d'octobre 1917 ! On raconte que l'œuf manquant aurait été volé par les Allemands lors de la campagne de Russie et ferait partie des trésors nazis.

On ne peut parler de bijoux en Russie sans évoquer l'histoire fabuleuse de la duchesse Maria Pavlovna, d'origine allemande, qui vivait dans un luxe démesuré et dont l'appétit insatiable pour les bijoux est resté légendaire. Elle était l'épouse d'un des trois grands-ducs de la Russie, ex-général d'armée, petit-fils d'Alexandre II et oncle du futur Nicolas II. Les grands bijoutiers se pressaient pour la satisfaire et Cartier, le célèbre joaillier parisien, devint son favori. Il réalisa pour elle de nombreux colliers, sautoirs, broches et boucles d'oreilles. En 1900, même son chien portait un collier de six rangées de perles rares, flanqué de deux aigles impériaux. Très entêtée, elle insiste pour que Cartier vienne s'installer en 1908 à Saint-Pétersbourg et, pour tenter de le convaincre, lui offre l'un de ses multiples palais.

Véritable coffre-fort et bijouterie ambulante, elle porte très souvent une tiare sertie de diamants et de saphirs, sur le front une aigrette incurvée faite de deux diamants rectangulaires, un sautoir de perles tombant jusqu'aux genoux, deux autres colliers de différentes tailles dont l'un est serti d'émeraudes et une broche portant une émeraude en forme de poire accrochée à une robe entièrement brodée de perles fines !

Maria Pavlovna meurt en 1920 et ses quatre enfants héritent des bijoux Cartier : le premier reçoit les perles, le deuxième les émeraudes, le troisième les rubis et le quatrième les diamants. Marie, reine de Roumanie, hérite de la tiare et de gros bijoux. Le diadème, avec le rubis de Beauharnais, est offert par Nancy Leeds (la veuve du roi de l'étain), devenue Anastasia, princesse de Grèce, à la princesse Xénia qui épouse son fils William, en 1921.

Cartier, de son côté, rachète les émeraudes hexagonales du sautoir et les remonte, en 1947, dans un étincelant diadème pour Barbara Hutton, la célèbre héritière américaine, qui devint l'une des épouses de l'acteur Cary Grant.

Afin d'illustrer le secret dont aime s'entourer la Russie au sujet du trésor des tsars, il me faut raconter l'histoire de l'amiral russe Alexis Vasilevitchi Koltchak qui, le 13 novembre 1919, part d'Omsk, en Sibérie, à la tête d'une caravane de cinq cent mille militaires et un million sept cent cinquante mille civils.

Ci-dessus : Maria Pavlovna de Mecklembourg, grande-duchesse de Russie. Illustration parue en une du Petit Journal du 5 décembre 1891.

Ci-contre : Barbara Hutton portant les bijoux de Maria Pavlovna.

Le trésor des tsars

C'est un véritable exode devant les exactions des révolutionnaires qui terrifient davantage que la folie d'une fuite en plein hiver à travers trois mille kilomètres de steppes et de toundras où une grande partie mourront de faim, de froid et d'épuisement par des températures descendant à moins soixante degrés Celsius. L'amiral a prévenu que les tonnes de ravitaillement qui sont transportées dans son train ne peuvent assurer que la subsistance de ses troupes.
Le train est blindé et vingt-huit wagons contiennent cinq cents tonnes d'or provenant du trésor impérial. La lamentable cohorte s'étend sur plus de cent kilomètres, jalonnant son parcours de monticules de cadavres dévorés par les loups. La route du convoi suit la voie du Transsibérien, et le train ne parcourt guère que trente kilomètres par jour, car les rails sont régulièrement déboulonnés par des groupes de révolutionnaires locaux qui n'osent pas s'attaquer au gros de l'armée.
Après trois mois d'un calvaire indicible et de souffrances surhumaines, presque tous les civils ont péri et les loups, repus, ne suivent même plus le convoi. Les deux cent cinquante mille soldats fantômes qui ont encore la force de marcher doivent arrêter le train car, à Irkoutsk, les rails sont sectionnés. Ils doivent alors embarquer les cinq cents tonnes d'or sur des traîneaux qui sont tirés jusqu'au lac Baïkal, complètement gelé, que l'amiral décide de traverser sur les quatre-vingts kilomètres de sa largeur.
La neige tombe à gros flocons et les rafales de vent glacial sont de plus en plus intenses. L'amiral se guide à la boussole pour tenir le cap, mais les traîneaux progressent lentement, car il faut sans cesse déblayer la neige ou creuser des tranchées dans des dunes de glace. Aveuglés, les paupières et le nez gelés, transis jusqu'à la moelle, les survivants n'avancent plus qu'à travers une immense torpeur et finissent par s'arrêter, pétrifiés. Très vite, les soldats sont surpris par le froid et meurent debout. Le vent leur fait un linceul commun.
Vers le début du mois de mai, le lac Baïkal subit le dégel et, d'un seul bloc, l'armée, soudée à la glace comme des soldats de plomb sur leur socle, sombre dans le lac avec sa cargaison d'or...
Voilà ce que dit la tradition officielle, quasi historique. Mais une autre version, officieuse celle-là, est nettement différente: d'abord, on raconte qu'il y a eu quelques rescapés de l'atroce tragédie, dont l'amiral en personne, qui meurt en 1921, fusillé par les bolcheviks, et un certain capitaine Slava Bogdanov qui, en 1938, réside aux États-Unis. Or, Bogdanov relate une étonnante histoire: le trésor des tsars n'est pas au fond du lac Baïkal car, à l'insu de l'amiral, il a été décidé de cacher sur terre, avant d'arriver à Irkoutsk, les cinq cents tonnes d'or en lingots qui entravaient la marche de la caravane...
Il paraissait évident que les chances d'atteindre la Mandchourie étaient devenues quasi nulles et il fut jugé préférable d'enterrer le trésor. Bogdanov fut chargé de diriger l'opération avec un autre officier du nom de Drankovitch.

Ci-dessus: *Photographie de l'amiral Koltchak (1874-1920).*

À droite, en haut: *La tsarine Alexandra (1872-1918) vers 1910.*

En bas: *Passage du train militaire russe sur le lac Baïkal. Illustration parue dans Le Petit Journal du 20 mars 1904.*

Le trésor fut enfoui dans la crypte d'une chapelle en ruine par quarante-cinq soldats qui furent ensuite exterminés à la mitrailleuse. Au retour de l'expédition, sentant que Drankovitch allait le supprimer, il tira le premier et le tua. Plus d'une centaine de soldats mouraient chaque jour : la disparition de ces hommes passa donc complètement inaperçue.

Slava Bogdanov, seul détenteur du secret, profite d'une amnistie, en 1959, pour retourner en Russie et retrouve, à Magnitogorsk, un ingénieur américain qu'il a connu en Californie. Il lui propose de se rendre sur le site du trésor et d'emporter ce qu'ils pourront hors d'URSS.

Accompagnés d'une jeune fille prénommée Tania, ils partent en Jeep et découvrent le trésor intact dans la crypte située à trois kilomètres de la voie du Transsibérien, quelque part entre Tomsk et Iéniseïsk. Ils prélèvent cent cinquante kilos d'or dans un tas de six mètres de long sur trois de large et haut de deux mètres cinquante !

En essayant de forcer un barrage, alors qu'ils tentent de quitter la Russie en passant par la Géorgie, Bogdanov est tué d'une rafale de mitraillette. L'Américain et Tania arrivent à s'enfuir, mais les mains vides. L'Américain, dont on ignore le nom, serait toujours vivant et se cacherait sous le pseudonyme de John Smith. Il est le seul, avec Tania, à connaître la cache du trésor.

Le trésor des tsars

Un soldat américain découvrant un tableau de Fragonard (XVIIIe siècle) provenant de la collection de Göring.

LE TRÉSOR
NAZI

Des gouvernements rayés délibérément de l'histoire peuvent-ils, en leurs dernières minutes de survie, constituer un trésor de guerre destiné à financer une éventuelle renaissance et une revanche ? Dans la grande débâcle de 1945, alors que l'Allemagne d'Adolf Hitler croule sous les forces conjuguées des Alliés, des nazis songent à mettre en sûreté les ultimes richesses de leur gouvernement. Ils cachent deux trésors, le premier étant celui du Grand Reich et le second celui de la « tanière du loup ».

(1945)

Au sujet du trésor du Grand Reich, des dizaines de personnes ont déjà payé de leur vie le seul fait d'avoir eu entre leurs mains quelques indices sur les caches.

En 1959, des techniciens allemands, autrichiens et américains, équipés de sondeurs à ultrasons et de caméras de télévision sous-marines, localisent dans le lac Toplitz, en Autriche, seize caisses par soixante-dix à quatre-vingt-dix mètres de fond. Les quelques caisses récupérées révèlent des fausses livres sterling parfaitement imitées, pour une valeur équivalente à un milliard et demi d'euros. Cette fausse monnaie était destinée à perturber l'économie alliée. Mais un ancien résistant autrichien, Albrecht Gaiswinkler, certifie que de vrais lingots et des bijoux reposent dans d'autres caisses. Cependant, le vrai trésor est ailleurs et il est déplacé en permanence par des gardiens. Les caches, renfermant des valeurs équivalentes à quatre-vingts milliards d'euros, se situent autour de la petite ville d'Altaussee, à soixante kilomètres de Salzbourg. Cette ville fut l'un des derniers réduits de la résistance allemande à la fin de la guerre et c'est là qu'Hitler fit converger toutes les richesses encore récupérables du IIIe Reich, sous la désignation de « biens nationaux ». Ce trésor devait servir à reconstituer un futur Grand Reich.

En avril 1945, près de mille camions assurent le transport des valeurs de la Banque d'Allemagne, évaluées alors à une somme équivalente à soixante milliards d'euros, auxquels il faut ajouter une grande quantité de lingots, de bijoux, de pierres précieuses ainsi que les fortunes personnelles des hauts dignitaires nazis, les trésors du culte, les richesses des Juifs d'Italie, de Yougoslavie, de Grèce et de Tchécoslovaquie. Il ne faut pas oublier non plus les nombreux trésors artistiques, tels que toiles de grands maîtres, statues, livres, le tout évalué à une somme équivalente à cent quarante milliards d'euros.

Ci-dessus : *Fausse monnaie retrouvée dans le lac Toplitz (7 juillet 1959).*

Ci-contre : *Un soldat américain inspecte un trésor volé à des Juifs et entreposé dans la mine de sel d'Heilbron (mai 1945).*

En mai 1945, une partie de ces trésors est récupérée, tout d'abord au fond d'une mine de sel près d'Altaussee, puis dans le jardin de la villa Kerry, à Altaussee, qui appartenait à Kaltenbrunner, chef des services secrets nazis et, enfin, en 1946, dans les caves du palais de l'Archevêché, à Salzbourg.

Ces découvertes viennent s'ajouter à celles effectuées dans les caves cimentées du château Veldenstein, près de Nuremberg, où le maréchal Göring avait enfoui sa fortune personnelle : trente-six chandeliers en or massif, une baignoire en argent, du cognac rarissime, des tableaux de prix…
En effet, le *Reichsmarschall*, épris de luxe, se distingue particulièrement dans le pillage des œuvres d'art et principalement dans les tableaux de grands maîtres. Il raffole notamment des maîtres hollandais et français des XVIIe et XVIIIe siècles.
En novembre 1940, il n'hésite pas à puiser dans les œuvres d'art saisies chez les familles juives. Pour sa propre collection, il rafle une vingtaine de tableaux, dont un *Autoportrait au béret rouge* de Rembrandt, qui est son peintre favori. Pour obtenir *Le Portrait de Saskia*, du même peintre, il accepte de fournir au marchand, qui est juif, un visa pour la Suisse. Pour d'autres tableaux, il fait libérer la mère d'un marchand détenue dans un camp de concentration…

En 1946, un ex-lieutenant, Franz Gottlich, révèle qu'il a supervisé l'enfouissement, près de Lend, de trente caisses de trésors par des prisonniers russes qui ont été ensuite abattus. Quelques jours plus tard, il disparaît mystérieusement, et son frère reçoit un mystérieux appel lui conseillant de ne pas poursuivre l'affaire. La même année, deux chercheurs de trésors, Helmut Mayr et Ludwig Pichler, partent à la recherche du trésor dans les Alpes autrichiennes. On les retrouve assassinés ; le cœur, les poumons et l'estomac de Mayr ont été arrachés et enfoncés dans ses poches, comme si les meurtriers avaient voulu retrouver quelque document avalé. Non loin des cadavres, des fosses vides indiquent que les trésors ont été, par mesure de précaution, enlevés pour être cachés ailleurs.

Ci-dessus : Le 12 janvier 1938, Hitler offre à Göring le tableau La Dresseuse de faucons *du peintre autrichien Hans Makart (1840-1884).*

Hermann Göring en chasseur.

Le trésor nazi

En 1952, Jean le Sauce, professeur français de géographie, trouve un trésor et est assassiné. En août 1952, deux sportifs amateurs de canoë vont naviguer sur le lac Toplitz. L'un d'eux, Gert Gerens, se tue en tombant dans un gouffre, alors que son compagnon, Hans Keller, ex-soldat SS ayant participé à l'opération Bernhardt, quitte la région sans laisser de trace. Un employé de banque de Lend, Emmanuel Werba, tente sa chance sur la piste des trésors. Il part dans la montagne de Gastein où l'on découvre son corps décapité. Toujours en 1952, on ne retrouve de Joseph Matteis, parti à la recherche des trésors dans la montagne de Rifflekopf, que son matériel de camping.

En mai 1953, un cadavre et huit caches vides trouvés dans la montagne de Rifflekopf accréditent une hypothèse semblable.

Ces meurtres indiquent clairement que les trésors des Alpes autrichiennes sont toujours gardés par des commandos occultes. Trésors considérables, puisque sur un Allemand suspect arrêté par les Américains, on a trouvé la liste suivante, signée par le général SS Fröhlich :

166 250 000... en francs suisses
299 018 300... en billets américains
31 351 250 000... en barres d'or
2 949 100... en diamants
93 450 000... en timbres de collection et objets d'art
5 425 000 000... en stupéfiants

Ces sommes sont-elles comptabilisées en marks, en livres, en dollars ? On ne sait pas...

Adolf Eichmann, condamné à mort à Nuremberg, et capturé par des agents israéliens en 1960, révèle que l'équivalent de quatre milliards d'euros ont été enterrés, sous sa supervision, dans les alpages de Blaa Alm. Deux grandes malles furent enterrées en 1945, sous le contrôle du chef SS Sawad, dans une grange de Faistenau, petit village près du château de Fuschi. Le sol bétonné d'un abattoir recouvre aujourd'hui la cachette. Les caches principales sont disséminées dans la montagne, vers Gastein, Salzbourg et Salzkammergut. Pendant combien de temps encore défieront-elles les chercheurs ?

> En 1945, des soldats SS réquisitionnent la charrette d'Ida Wassenbacher, une jeune paysanne âgée de vingt et un ans, et la contraignent à mener son cheval, tirant une soixantaine de caisses, jusqu'au bord du lac Toplitz. Les soldats embarquent la cargaison sur des barques, s'éloignent puis jettent les caisses par-dessus bord. Ce manège va se répéter durant quatorze nuits.

À gauche : Autoportrait au béret rouge *de Rembrandt (1606-1669).*

Au sujet du trésor de la « tanière du loup », on sait qu'en 1938, Adolf Hitler fait construire en Pologne, dans l'ancienne Prusse orientale, sur la rivière Gruber, près de la petite ville de Ketrzyn, ex-Rastenbourg, un formidable repaire souterrain, qui doit servir de futur quartier général, le *Wolfsschanze* (« tanière du loup »). C'est une véritable cité enterrée à plus de vingt mètres sous terre, défendue par quatre-vingts fortins et un inextricable réseau truffé de mines. De 1939 à 1944, le Wolfsschanze correspond au *Berchstesgaden* militaire d'Hitler, la cité secrète où s'élaborent les plans d'offensive. Les habitants de la région, Allemands de cœur, en savent long sur le repaire, mais taisent les secrets. On sait que la tanière a été construite par dix mille ouvriers qui ont été massacrés sitôt le travail achevé et que les ingénieurs et architectes du projet sont morts dans l'explosion mystérieuse de l'avion qui les ramenait vers l'Allemagne...

Le repaire comprend d'immenses aménagements, parfois à plus de cinquante mètres de profondeur : bureaux, appartements, bibliothèques, salles d'archives, dortoirs, casernes, réfectoires, salles de jeux et de gymnastique, piscines, une centrale électrique chargée de l'éclairage, du chauffage et du conditionnement d'air, une gare dont le réseau ferré est relié à la ligne Koenigsberg-Lyk, un hôpital, une autoroute, et enfin une banque où les nazis entreposent un trésor considérable en or, argent et richesses diverses. Ces richesses proviennent d'endroits très variés, en fonction des zones qui ont été conquises par les Allemands et en des lieux parfois surprenants. Par exemple, en 1941, lors de l'occupation du palais du tsar Nicolas II, les nazis découvrent dans la chambre à coucher de l'impératrice Alexandra un coffre-fort habilement dissimulé. Chose incroyable, personne ne l'avait découvert alors que le palais étant devenu un musée depuis plus de vingt-cinq ans ; des milliers de visiteurs étaient passés à quelques mètres du coffre, sans se douter de la présence de la cachette secrète des joyaux des Romanov qui furent volés et ajoutés au trésor nazi.

Ce trésor serait toujours gardé pour servir à d'éventuelles fins politiques occultes quand l'heure de la revanche du Grand Reich sonnera dans les temps futurs, comme le pensent encore quelques hitlériens nostalgiques.
La cité secrète est-elle encore habitée ? On sait que, plus de dix ans après la fin de la guerre, la centrale électrique fonctionnait toujours et fournissait du courant à certaines installations encore branchées sur son réseau...

Ci-dessus : *La tanière du loup, le fameux QG de Hitler.*

À droite : *Trésor nazi découvert dans un château en Autriche.*

Un autre trésor nazi qui a fait couler beaucoup d'encre est celui appelé le « trésor de Rommel ». L'histoire de ce trésor a été présentée sous plusieurs versions qui ont toutes un tronc commun.

D'après la version la plus répandue, le trésor constitué par les richesses pillées dans les pays occupés par l'Africakorps du *Feldmarschall* Erwin Rommel est chargé sur un bateau en partance pour l'Italie, où une colonne de l'armée allemande l'attend pour le convoyer jusqu'à Berlin. Mais le bateau est mitraillé alors qu'il se trouve au nord-est de la Corse, au large de Bastia. Pour l'alléger, les Allemands font passer par-dessus bord un camion qui ne contient que des œuvres d'art et des antiquités précieuses. Le camion tombe dans l'embouchure du Golo, petit fleuve bastiais. Le navire poursuit sa route mais, craignant une nouvelle attaque, les Allemands font couler le second camion qui, lui, contient quatre caisses de six cents kilos d'or chacune. Une cinquième caisse qui regorge de bijoux est également passée par-dessus bord. Arrivés en Italie, les soldats, incapables d'expliquer leur attitude, sont exécutés sur-le-champ, sans jugement. Un seul rescapé, un certain Peter Fleig, a permis de connaître les détails de cette histoire. Il est le seul à connaître aujourd'hui, les emplacements exacts du trésor. Les nazis ont confisqué environ cinq cent quatre-vingt millions de dollars en or, volés aux banques des pays qu'ils ont envahis, ainsi qu'aux civils assassinés dans les camps de concentration et dépouillés de leurs biens – des dents en or, des alliances et d'autres objets de valeur. À la fin de la guerre, les Alliés retrouvent d'importantes quantités d'or, mais des centaines de millions de dollars manquent encore.

Pages précédentes :
Défaite de l'Armada espagnole contre la flotté anglaise en août 1588. Peinture anonyme de l'école flamande (XVIᵉ siècle).

À droite : *Représentation d'un galion du XVIIᵉ siècle dans un livre du XIXᵉ siècle (Musée naval de Madrid).*

Les Galions Espagnols

En mai 1968, Robert Sténuit, un archéologue sous-marin belge, retrouve l'épave de la *Girona* après avoir passé six cents heures à compulser des archives dans le monde entier. Le long de la côte, non loin de l'endroit où doit avoir fait naufrage la *Girona*, se trouve une baie appelée Port na Spaniagh. Sténuit pense qu'il y a là, sans doute, un rapport avec le naufrage. Il découvre même une petite plaquette touristique mentionnant que le naufrage y a bien eu lieu ! Il plonge et, une heure plus tard, découvre en effet les premiers lingots de plomb du lest et deux canons de bronze de l'épave de la *Girona*.

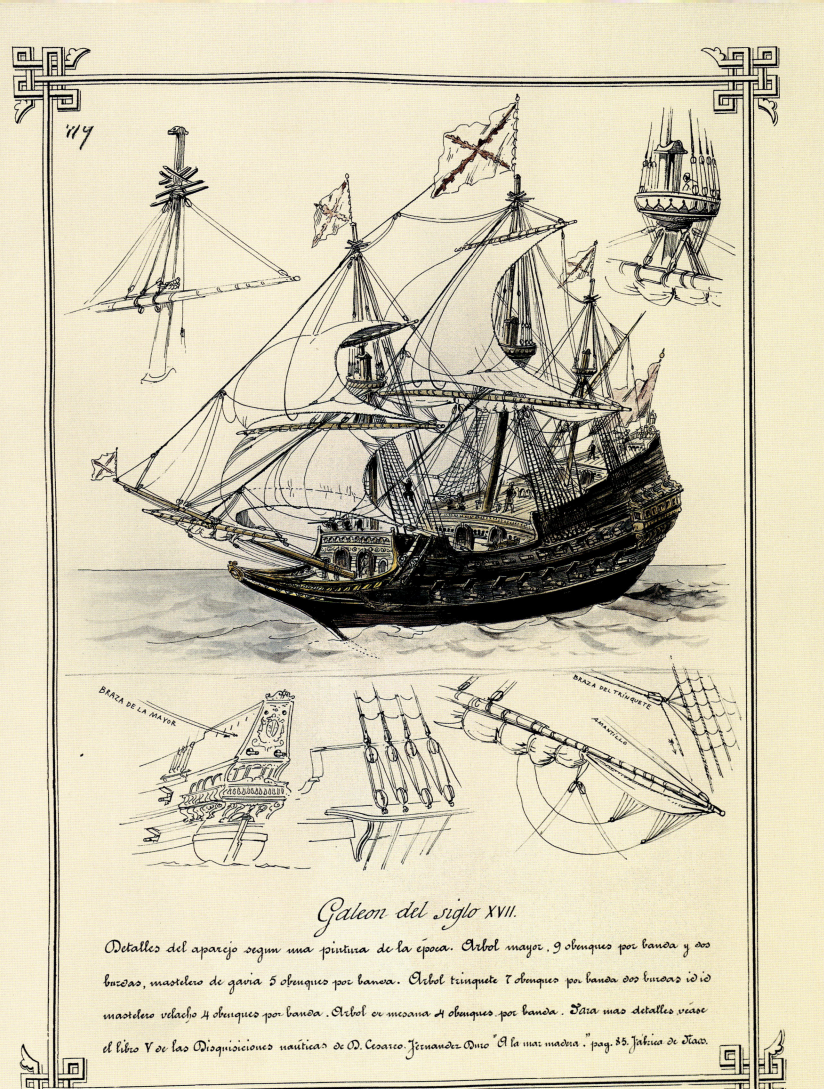

Galeón del siglo XVII.

Detalles del aparejo según una pintura de la época. Árbol mayor, 9 obenques por banda y dos burdas, mastelero de gavia 5 obenques por banda. Árbol trinquete 7 obenques por banda dos burdas id id mastelero velacho 4 obenques por banda. Árbol er mesana 4 obenques por banda. Para mas detalles véase el libro V de las Disquisiciones náuticas de D. Cesareo Fernandez Duro "A la mar madera." pag. 35. fabrica de Naos.

La *Girona*

(1588)

En 1585, le roi Philippe II d'Espagne est au sommet de sa puissance. Dans toute l'histoire de l'humanité, jamais un seul homme n'a régné sur tant d'êtres humains et sur tant d'États. Mais ce n'est apparemment pas assez, car il décide de s'en prendre à l'Angleterre où règne Élisabeth Ire, qui personnifie à ses yeux le protestantisme, le péril social et le « spectre rouge » du XVIe siècle.

En 1586, il annonce donc son intention de mettre à bas le protestantisme. Le duc de Guise, qui gouverne la France, soutient le roi d'Espagne et lui confie la tâche de chasser Élisabeth Ire du trône d'Angleterre pour y placer Marie Stuart, reine d'Écosse, catholique, déclarée bâtarde et hérétique, et emprisonnée, pour l'heure, dans les geôles de sa cousine Élisabeth…

Philippe II obéit également à un sentiment de haine personnelle. Il veut se venger d'insultes répétées. En effet, les corsaires anglais Drake et Hawkins ont, en 1577 et 1585, attaqué plusieurs galions et des comptoirs espagnols aux Antilles. Leurs raids ont coûté plus de sept cent mille livres au trésor espagnol.

Il essaie de neutraliser Élisabeth aussi bien en commanditant son assassinat qu'en lui proposant le mariage, mais sa vanité souffre cruellement lorsqu'elle refuse de l'épouser. Il décide donc d'envahir l'Angleterre et, pour ce faire, constitue la plus importante flotte de tous les temps, que l'histoire, par dérision, va retenir sous le nom d'« Invincible Armada »…

L'annonce de l'exécution de Marie Stuart, le 8 février 1587, accélère les préparatifs et galvanise l'envie de vengeance des Espagnols. Le commandement est confié à Alfonso Perez de Guzman, duc de Medina-Sidonia, marin de cour dont la présomption égale l'ignorance. Élisabeth, qui suit les progrès de l'armement de cette flotte depuis trois ans, envoie, de son côté, le célèbre Francis Drake en reconnaissance au large des côtes d'Espagne. À la tête de trente vaisseaux, il met le feu à une flotte marchande d'une vingtaine de navires dans la rade de Cadix et prend, devant Lisbonne, une riche caraque.

Au printemps de 1588 se trouvent ainsi réunis cent vingt-sept vaisseaux de tous types, dont quatre galéasses – dernière innovation navale, marchant à voile et à rames. Sur les trente mille hommes embarqués à bord des navires de l'Armada, un tiers seulement sont des marins et des rameurs ; les autres sont des soldats. L'Angleterre aligne en face cent quatre-vingt-dix-sept bâtiments, d'un tonnage total trois fois inférieur.

Des richesses importantes sont rassemblées à bord des navires espagnols : des caisses d'argent pour la solde et l'entretien des hommes. À cela s'ajoutent les objets personnels, ainsi que de grosses quantités de monnaies, en or et en argent. Certains commandants et amiraux des escadres ont embarqué avec eux des fortunes personnelles considérables, sans parler du trésor affecté pour porter la guerre en terre ennemie.

Partie de Lisbonne le 28 mai 1588, l'Armada rallie le port galicien de La Corogne, d'où elle repart le 22 juillet. Medina-Sidonia s'est rapidement rendu compte des inéluctables différences de navigation entre ses navires : les uns sont légers et rapides, les autres lourds et pénibles à manœuvrer. Les conditions d'un désastre se mettent en place dès le début de l'aventure…

Le premier affrontement avec la flotte anglaise a lieu le 31 juillet, au large de Plymouth. L'amiral anglais Howard, à la tête de quatre-vingt-dix navires, dont dix-neuf vaisseaux de guerre, harcèle l'Armada. La rencontre se transforme vite en escarmouches. C'est au cours de l'une d'elles que le galion amiral de l'escadre d'Andalousie, le *Nuestra Señora del Rosario*, un navire de mille cent cinquante tonneaux, armé de quarante-deux canons et monté par quatre cent vingt-deux hommes d'équipage, entre en collision avec un autre navire espagnol, le *Santa Cataluña* qui, ayant perdu sa mâture et son gouvernail, est capturé par Drake. La sainte-barbe (soute à munitions) du *San Salvador*, un galion de neuf cents tonneaux, armé de quarante canons et monté par un équipage de trois cent cinquante hommes, explose et endommage gravement le navire qui, voguant à la dérive, est aussi pris, le 1er août, par Drake.

À gauche : Portraits de Philippe II d'Espagne (1527-1598) et Sir Francis Drake (1540-1596).

Ci-dessus : L'Invincible Armada attaquée par les Anglais, *huile sur toile de Hendrick-Cornelisz Vroom (1566-1640).*

Les galions espagnols

Le 2 août, l'un des plus beaux bâtiments de l'Armada, le *Santa Ana*, est détruit par les Anglais. En l'absence de vent, les Espagnols ont alors recours aux fameuses galéasses, mais les Anglais tirent sur les rameurs, dont les avirons, perdant le rythme, s'enchevêtrent. Les navires espagnols sortent de cet engagement à jamais discrédités. L'Armada continue néanmoins sa progression en formation serrée vers les Pays-Bas. Après avoir dépassé l'île de Wright, le *San Martin*, navire amiral de l'Armada, essuie des tirs meurtriers qui tuent plus de cinquante hommes. Après trois jours de calme, une bataille navale s'engage devant Calais.

Du 6 au 9 août, le sort de l'Armada se joue entre Calais et Flessingue. Plusieurs beaux navires sont capturés, sabordés ou coulés, comme le *San Lorenzo*, le *Maria Juan*, un bâtiment de ligne de six cent soixante-quinze tonneaux, avec à son bord le payeur général de la flotte et sa caisse, ou le *San Felipe*, un grand galion portugais plein de richesses, qui est pris par des corsaires hollandais, après un abordage sanglant. Ce navire est remorqué mais, ayant rompu ses amarres devant Flessingue, il coule à pic près de la rade du vieux port. Les trois cents hommes qui se trouvent à bord sont engloutis, avec le navire et ses trésors, dans l'estuaire de l'Escaut.

Ci-dessous: *Défaite de l'Invincible Armada le 8 août 1588. Estampe de Franz Hogenberg (1535-1590).*

À droite: *Eau forte en couleurs représentant le trajet de l'Invincible Armada.*

En plus des brûlots et des attaques incessantes de la flotte anglaise, la tempête vient accentuer les ennuis des Espagnols. Finalement, le vent, les avaries et l'épuisement des munitions contraignent Medina-Sidonia à abandonner la bataille.

Le 10 août, voyant que toute tentative d'embarquer des soldats massés à Dunkerque et à Nieuport est impossible, et sachant que les navires de renfort espagnols sont bloqués dans ces ports, Medina-Sidonia prend la décision de rentrer en Espagne.
Rebrousser chemin vers la Manche est absolument impensable ; la seule solution consiste à emprunter, pour le retour, une route longue et périlleuse contournant les îles Britanniques par le nord. Là, de terribles tempêtes vont drosser à la côte d'Écosse et d'Irlande un grand nombre de navires.

Le 23 septembre, Medina-Sidonia arrive enfin à Laredo (Espagne), avec seulement vingt-deux navires. Sur son navire amiral, le *San Martin*, on compte cent quatre-vingts morts et des dizaines de blessés. Quand, le 5 octobre 1588, don Juan Martinez de Recalde, chef de l'escadre de Biscaye, arrive à La Corogne, à bord de son vaisseau amiral, le *San Juan de Portugal*, on constate qu'il a perdu cent quatre-vingt-sept hommes, et qu'il ne ramène que des blessés et des mourants. Lui-même s'éteint d'épuisement le 23 du même mois.

Les combats, les naufrages, le typhus et la dysenterie ont eu raison de plus de dix mille hommes, et soixante navires ont naufragé sur les côtes écossaises et irlandaises : le *Trinidad* gît à l'orée de la baie de Kinnagoe, le *Duquesa de Santa Ana* à Lough Erris, la *Concepción del Cano* au large de Galway, le *Trinidad* sur les côtes des îles Blasket, le *Lavia*, le *San Juan* et le *Santa Maria de la Vision* dorment au fond de la baie de Sligo…

Don Alonso de Leiva, adulé par ses hommes et véritable symbole de la chevalerie espagnole, porte le titre de commandant en second de l'Armada. Son navire est *La Rata Encoronada*, une imposante caraque endommagée lors de la bataille de Gravelines. Quatorze de ses hommes ayant été capturés puis relâchés par un brigand local, il vient mettre son navire à l'abri de la tempête dans le port de Blacksod, en Irlande. Celui-ci chasse sur son ancre et s'échoue. Il débarque alors tout ce qu'il peut de la cargaison et met le feu à l'épave. Ayant appris qu'un autre navire espagnol se trouve mouillé non loin, il le rejoint et y embarque avec ses hommes et tout ce qui peut avoir de la valeur – argent, bijoux, armes, armures…

Mais le sort s'acharne contre lui. Le navire est entraîné vers le nord et s'écrase contre des récifs. Malgré une jambe cassée, il parvient à rejoindre la côte à la nage. Une fois encore, il fait décharger toute la cargaison. Il apprend alors qu'un autre navire espagnol a jeté l'ancre dans une baie à douze milles au sud, pour effectuer des réparations. Avec les survivants, il rejoint ce navire en passant par l'intérieur des terres. Il s'agit de la galéasse *Girona*, qui a perdu son gouvernail. Ce navire a à son bord cent vingt marins, cent quarante-six soldats et deux cent vingt-quatre rameurs, dont la plupart sont des prisonniers ou des esclaves. Ayant réparé le gouvernail, don Alonso de Leiva fait monter à bord tous les hommes qui l'accompagnent. Et c'est donc avec mille trois cents hommes et les cargaisons rassemblées des trois navires, comprenant argent et bijoux, qu'il prend le commandement du bâtiment.

Ci-dessous : *Don Alonzo de Leiva découvre la* Girona *à l'ancre.*

À droite, en haut : *Naufrage de la* Girona.

Au milieu : *Pendentif en or massif incrusté de rubis et représentant une salamandre, découvert lors des fouilles effectuées en 1968.*

En bas : *Bijoux conservés au musée d'Irlande du Nord.*

Le 23 octobre, il met le cap vers l'Écosse. Nouveau coup du sort : le navire heurte la roche de Bonboy et naufrage dans des conditions atroces. Cette fois, Leiva ne survit pas. Il entraîne avec lui dans la mort les soixante plus jeunes nobles de son escorte. Seules cinq personnes peuvent atteindre le rivage.

En mai 1968, Robert Sténuit, un archéologue sous-marin belge, retrouve l'épave de la *Girona* après avoir passé six cents heures à compulser des archives dans le monde entier. Le long de la côte, non loin de l'endroit où doit avoir fait naufrage la *Girona*, se trouve une baie appelée Port na Spaniagh. Sténuit pense qu'il y a là, sans doute, un rapport avec le naufrage. Il découvre même une petite plaquette touristique mentionnant que le naufrage y a bien eu lieu ! Il plonge et, une heure plus tard, découvre en effet les premiers lingots de plomb du lest et deux canons de bronze de l'épave de la *Girona*.

En deux années de sauvetage, totalisant huit mille heures sous l'eau, Robert Sténuit et quatre plongeurs, qui sondent chaque crevasse du fond marin, remontent plus de douze mille objets dont quatre cent cinq pièces d'or, sept cent cinquante-six pièces d'argent, cent quinze pièces de cuivre, trente-cinq pièces de joaillerie (dont une magnifique salamandre en or massif incrustée de rubis), vingt-six bagues (dont l'une représente un cœur serti, tenu dans une main, et portant l'inscription « No tengo mas que darte » – « Je n'ai rien de plus à te donner » – et huit chaînes en or (dont l'une pèse près de deux kilos). Ces vestiges, comprenant en outre une ancre, des compas, des sondes en plomb, deux astrolabes, des assiettes en argent et en étain, des chandeliers, un reliquaire, la croix de chevalier de Malte du capitaine, des crucifix en argent, des poignées de boutons de casaques militaires en or… sont aujourd'hui exposés au Musée national d'Ulster, à Belfast.

Les galions espagnols

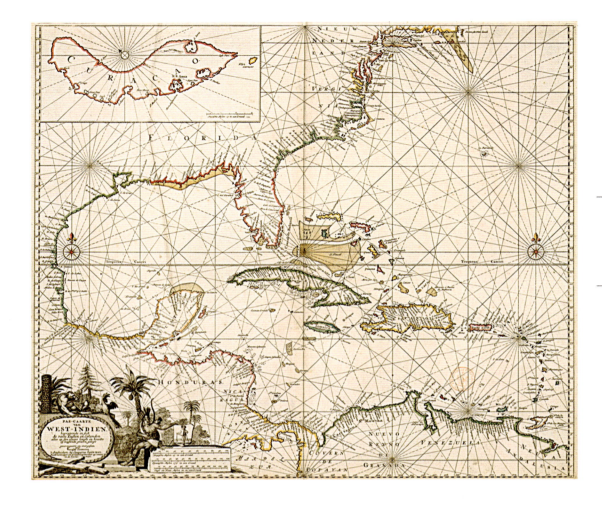

Ci-contre: Mer des Antilles et golfe du Mexique. Carte de Claes Jansz Vooght (XVIIe siècle).

À droite: Baies de La Havane et de Santiago de Cuba (1750).

Le *Nuestra Señora de Atocha*

(1622)

Depuis 1503, date de la création de la Casa de Contratación, bureau commercial, financier et administratif qui contrôle le commerce entre l'Espagne et le Nouveau Monde, chaque année, deux flottes partent de Cadix: la flotte de Nouvelle-Espagne qui a pour destination le nord de la mer des Antilles et le golfe du Mexique, et la flotte de Terre Ferme qui se dirige vers le sud-est des Antilles et le nord de l'Amérique du Sud. L'or et l'argent remontent par mer le long de la côte ouest de l'Amérique du Sud. Une fois débarqués à Panamá, les lingots et les monnaies transitent à dos de mulet à travers l'isthme jusqu'à Port Bello et Nombre de Dios. La flotte de Terre Ferme vient les y prendre et retourne compléter son chargement à la foire annuelle de Carthagène pour y inclure les émeraudes de la Nouvelle-Grenade, des améthystes et des perles. Puis elle rejoint, à La Havane, la flotte de Nouvelle-Espagne. Un mouvement bien réglé.

Chaque année, un convoi – pouvant compter jusqu'à cent navires – quitte La Havane et, après avoir longé la côte est de la Floride et contourné le nord des Bahamas, afin de profiter de la poussée du Gulf Stream et des alizés, se dirige vers les Bermudes puis les Açores, pour enfin atteindre Cadix, puis Séville.

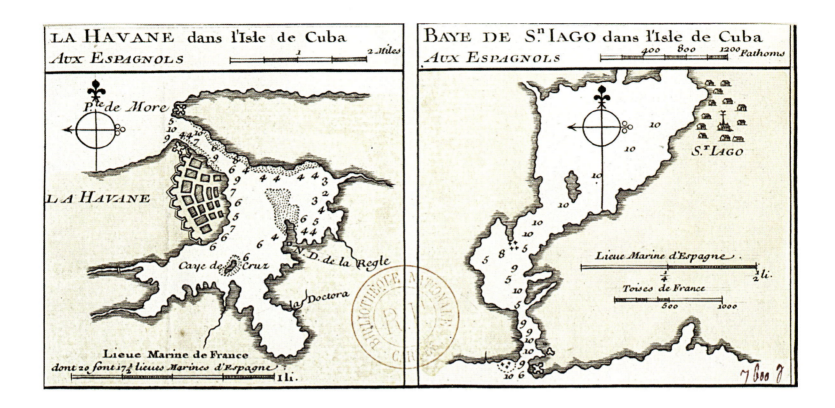

En 1622, le navire vice-amiral de la flotte de Terre Ferme, commandée par le marquis de Cadereyta et comprenant vingt-huit navires, est le *Nuestra Señora de Atocha*. Construit deux ans auparavant, ce galion est le plus récent de la flotte.

Le 22 juillet, le galion mouille avec la flotte au complet dans le port de Carthagène afin de compléter son chargement de richesses – principalement de l'or de Colombie et cinq cents balles de tabac. Arrivé à La Havane, on charge du cuivre et quatre cents balles d'indigo qui viennent enrichir la cargaison comprenant déjà quarante-sept tonnes d'argent.

Quarante-trois riches gentilshommes espagnols montent à bord, dont le secrétaire de la Cour de Lima, Martin Salgado, avec une partie de son argenterie de famille. Tous ces nobles transportent avec eux leurs bijoux et petits trésors.

Le 4 septembre à l'aube, la flotte, composée de vingt-huit navires, défile devant la forteresse d'El Morro, qui protège l'entrée du port de La Havane, et cingle nord-nord-est, en direction des Keys de Floride. Le *Nuestra Señora de Atocha*, en tant que navire *almiranta*, ferme la marche du convoi. Ses deux cent soixante-quatre passagers sont entassés dans un espace extrêmement réduit.

Le convoi a déjà parcouru, en bon ordre de marche, plus de trente milles quand le vent se met à souffler dans la nuit. Au matin, les navires de la flotte se retrouvent dispersés et exposés aux récifs des Keys.

Le premier navire à couler est la *capitana Nuestra Señora de Margarita*, puis l'*almiranta Nuestra Señora de Atocha* s'évente, peu après, sur le récif de Quick Sands et est entraîné vers l'ouest par le courant.

Les galions espagnols

En quelques minutes seulement, le navire disparaît dans les flots, emportant avec lui deux cent cinquante-cinq mille pièces de huit en argent, cent soixante et une barres et disques d'or, neuf cent une barres d'argent d'environ trente kilos chacune, quinze tonnes de cuivre cubain, soixante mousquets, vingt canons de bronze, une fabuleuse cargaison d'émeraudes colombiennes, et les effets personnels et les bijoux de tous les dignitaires espagnols qui ont pris place à bord. La coque fracassée du navire laisse échapper des pièces d'or et d'argent, des lingots, des pierres précieuses ainsi que des bijoux, le long d'un sillage de plusieurs kilomètres de long.

Cinq personnes seulement survivent au naufrage. Elles se sont accrochées à un mât du navire et sont repêchées avec les survivants du *Nuestra Señora de Margarita*. L'un des rescapés fait un rapport sur le naufrage, ce qui permet à Francisco Nuñez Mélian de remonter une partie du trésor du *Nuestra Señora de Margarita*, quelques années seulement après son naufrage.

En 1963, un Américain nommé Mel Fisher vend son élevage de poulets en Californie pour se consacrer uniquement à la chasse aux trésors sous-marins. Il entraîne femme et enfants jusqu'en Floride pour s'attaquer aux restes d'une fameuse flotte d'argent espagnole coulée en 1715. Il fonde, avec Kip Wagner, un autre chercheur de trésors sous-marins, la société Treasure Salvors.

À la fin de mai 1964, en quelques jours, il remonte de la mer son premier trésor sous-marin : deux mille cinq cents monnaies d'or, lingots, disques et chaînes d'or, pour une valeur d'un million et demi de dollars. Encouragé par ce rapide succès, il décide de se lancer à la recherche du fameux galion *Nuestra Señora de Atocha*, et demande un permis de recherche au gouvernement fédéral, pour une zone au large de Matacumbe Key.

Il fait appel à un jeune universitaire, nommé Eugene Lyon, spécialiste en castillan ancien, qu'il envoie effectuer des recherches dans les archives espagnoles de Séville. Ce dernier a la mauvaise surprise de découvrir dans les *legajos* (les « dossiers ») des Archives des Indes que son patron ne cherche pas l'épave du *Nuestra Señora de Atocha* au bon endroit. En réalité, l'épave se trouve à une centaine de milles plus au sud, à proximité des Cayos de los Marquez, en face de Key West.

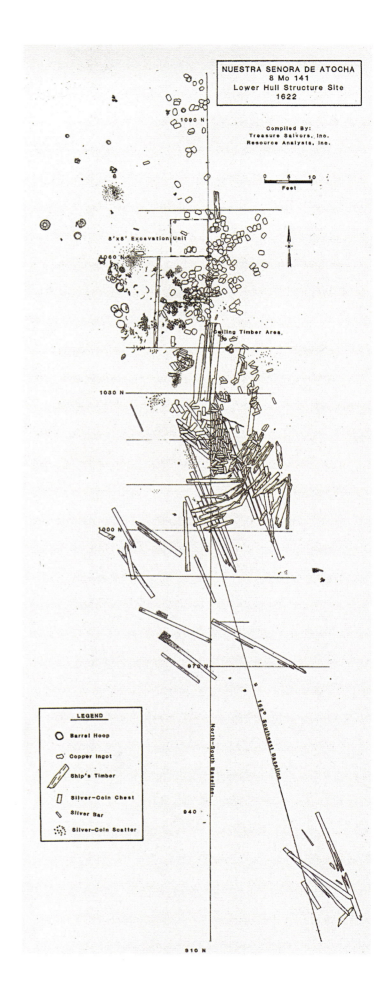

Dès qu'il apprend la nouvelle, Mel Fisher, sans se démonter, plie bagage et descend avec toute son équipe (de jeunes hippies, pour la plupart) pour continuer ses recherches. Au plus fort de ses activités, Treasure Salvors emploie soixante-dix plongeurs et arme une flottille d'une dizaine de bateaux.

En juin 1971, son équipe découvre, par dix-huit mètres de fond, une ancre enfouie sous plusieurs tonnes de sable, quatre cent quatorze pièces de huit en argent, une chaîne d'or de deux mètres de long, treize lingots d'or, seize émeraudes enchâssées dans de l'or et quelques mousquets.

Deux ans plus tard, une nouvelle découverte – de plusieurs milliers de pièces de huit en argent et de plusieurs lingots et chaînes d'or – va prouver à Mel Fisher qu'il se trouve, en fait, sur les restes de l'épave du *Nuestra Señora de Margarita* et qu'il a trouvé ce que les sauveteurs espagnols du XVIIe siècle n'ont pas pu récupérer.

Mel Fisher reste cependant d'un optimisme à toute épreuve. Sa devise, qu'il crie tous les matins avant de se jeter à l'eau, est : « *Today is the day !* » (« Aujourd'hui c'est le jour ! »).

Au fil des années, il accumule patiemment les trouvailles… En 1975, il a déjà trouvé, depuis la date de création de sa société, quatre-vingts kilos d'or et neuf cents kilos d'argent ! Ayant inventé l'ingénieux système *mail box* (énorme coude fixé devant les hélices du bateau à l'arrêt, permettant, par le tourbillon ainsi créé, de dégager de grosses masses de sable), il sillonne tous les abords des Keys. Il utilise, en outre, un magnétomètre, appareil détectant les anomalies magnétiques qui provoquent des perturbations du champ magnétique ambiant, et un sonar latéral enregistrant les variations acoustiques d'un faisceau d'ondes ultrasonores réfléchies sur le fond, qui reproduit une image faisant apparaître tous les accidents du relief. Il couvre ainsi cent vingt mille milles, ses plongeurs scrutant les fonds chaque fois qu'une anomalie est détectée…

Mais le temps passe et ses finances fondent comme neige au soleil. Très ingénieux, il organise des pique-niques, avec concours de chasse au trésor – en fait une pièce de huit réaux – à la clef, et trouve sept cents actionnaires qui souscrivent une part de mille dollars chacun. Ses recherches continuent paisiblement jusqu'au jour où l'État de Floride l'attaque et lui réclame la restitution de ses premières trouvailles. Un long et pénible procès s'engage, qui dure jusqu'en 1982. Après avoir dépensé plus d'un million de dollars en avocats, Mel Fisher le gagne. Le verdict mentionne qu'il ne doit à l'État que vingt pour cent de ses trouvailles.

À gauche : Plan de l'épave du N.S. de Atocha, *dessiné par Mel Fisher.*

Ci-dessus, en haut : Le système « mail-box » en action.

En bas : Le 20 juillet 1975, le premier de dix canons frappés de la couronne du roi d'Espagne et datés de 1607 est remonté à la surface.

Les galions espagnols

Mais, le 21 juillet de la même année, un drame terrible s'abat sur lui : l'un de ses bateaux, le *Northwind*, se retourne. Dirk, son fils aîné, ainsi que sa belle-fille et un plongeur trouvent la mort dans l'accident. Pourtant, Mel Fisher ne s'avoue pas vaincu. Cette épave lui a coûté trop de larmes, de sang et de sueur pour qu'il l'abandonne !

De nouveau à court d'argent, il sous-traite sa recherche à un autre chercheur de trésors, nommé Robert Jordan, à qui il attribue cinq pour cent des découvertes à venir. Treasure Salvors est au bord de la faillite lorsque, le 30 mai 1985, ses plongeurs découvrent treize lingots d'or et quatre cents pièces d'argent avec un morceau de mât du *Nuestra Señora de Atocha*, ainsi que des émeraudes serties d'or.

Le 22 juillet, Mel Fisher reçoit un message radio de son fils Kane : « Papa, tu peux balancer tes cartes ; le trésor de l'*Atocha*, on est assis dessus ! » Ils sont tombés sur le filon principal. Par dix-huit mètres de fond, gisant en vrac comme un vulgaire tas de cailloux, s'amoncellent quarante-sept tonnes d'argent en lingots et pièces, des barres et des coupes en or, des plats en argent, des bagues d'émeraudes... Valeur estimée de la cargaison : environ quatre cents millions de dollars !

Les 14 et 15 juin 1988, une vente d'une petite partie seulement des trouvailles est organisée chez Christie's, à New York, pour deux millions neuf cent mille dollars. Parmi les objets rares, on remarque une pièce de deux escudos, monnaie d'or frappée à Santa Fé de Bogota, en 1622, qui est adjugée pour vingt-huit mille six cents dollars (il y en avait trois sur l'épave), une chaîne en or magnifiquement ouvragée de cent cinquante-sept centimètres et demi, pour trois cent dix-neuf mille dollars, une ravissante vasque en argent, pour cent soixante-cinq mille dollars, un astrolabe portugais, pour cent trente-deux mille dollars, un disque d'or, pour soixante-dix-sept mille dollars. Certaines barres d'or se vendent pour dix-huit mille dollars, et une bague en or avec une émeraude pour soixante-dix-neuf mille deux cents dollars...

Mel Fisher tenant une barre d'argent. On retrouvera aussi dans l'épave des lingots et des pièces d'or.

96   LES TRÉSORS SOUS-MARINS

San Juan de Ulloa et Veracruz (XVIIe siècle).

Le *Nuestra Señora de la Concepción*

(1640)

Le *Nuestra Señora de la Concepción* est, sans aucun doute, l'une des plus fascinantes épaves de navire qui existent sur la route des Indes occidentales. Ce galion est célèbre pour avoir exercé une réelle fascination sur les Espagnols dès l'annonce de son naufrage ; il a passionné et passionne encore nombre de chasseurs de trésors sous-marins.

Dans le passé, plusieurs d'entre eux ont déclaré avoir trouvé cette épave et récupéré ses richesses. Mais aujourd'hui encore, il y a des chercheurs (dont je fais partie) pour affirmer que l'épave du *Nuestra Señora de la Concepción* n'a, en fait, jamais été retrouvée et qu'elle repose, inviolée, avec d'énormes richesses d'or, d'argent et de pierres précieuses dans ses flancs, contre un récif du fameux Banc d'Argent, au nord de la République dominicaine.

La flotte de Nouvelle-Espagne, qui doit revenir en Espagne en 1641, entame son voyage aller, au départ de Cadix, le 21 avril 1640. Elle est commandée par le capitaine général Roque Centeño y Ordoñez, qui a hissé son pavillon sur le *Nuestra Señora de la Concepción*, galion de huit cent cinquante tonneaux, armé de trente-six canons de bronze. Déjà âgé, c'est le navire le plus gros de la flotte. Il est secondé par l'amiral Juan de Campos, dont le pavillon flotte sur le *San Pedro y San Pablo*, un galion de cinq cent cinquante tonneaux. Suivent vingt-cinq autres navires profitant du convoi. Cette flotte transporte, entre autres, quarante-six tonnes de mercure destinées aux mines du Mexique, le mercure constituant la substance indispensable à l'extraction de l'or, par amalgamation à froid.

Les galions espagnols

Portrait de Philippe IV d'Espagne.

Le 25 juin 1640, la flotte arrive à San Juan de Ulloa, le port de Veracruz, où elle reste une année entière. Peu de temps avant le départ pour son retour vers l'Espagne, Roque Centeño y Ordoñez meurt et il est remplacé par Juan de Campos. À cette occasion, ce dernier passe le pavillon de *capitana* sur le *San Pedro y San Pablo*. C'est Juan de Villavicencio qui est promu amiral et le *Nuestra Señora de la Concepción* devint donc l'*almiranta* de la flotte. Très vite, Villavicencio se plaint de l'état général du navire, et notamment de la coque qui nécessite un calfatage urgent car il n'a bénéficié d'aucune réparation depuis un an et demi. Il est donc décidé de calfater le navire à La Havane, tout l'équipage soulignant la nécessité impérieuse d'un carénage avant le départ vers l'Espagne.

Le 23 juillet 1641, la flotte appareille de Veracruz, le convoi étant composé de trente et un navires, et le port de La Havane est atteint sans encombre le 27 août. Le capitaine général, Juan de Campos, donne l'ordre de hâter les réparations en ne faisant calfater que les œuvres mortes du navire (les parties au-dessus de la flottaison), ce qui est une aberration du point de vue maritime. Des plongeurs envoyés pour inspecter la coque rapportent qu'il manque de l'étoupe entre plusieurs bordés. Aux protestations de Villavicencio, de Campos oppose l'impérieuse nécessité d'apporter rapidement des richesses à la couronne d'Espagne.

Cet épisode a des origines politiques et financières. L'année 1640 a été, pour Philippe IV, une année difficile. Depuis 1618, l'Espagne est plongée dans l'épuisante guerre de Trente Ans, et en juin 1640, le roi a vu la Catalogne se révolter. Qui plus est, le 1er décembre de cette même année, le Portugal, uni à l'Espagne depuis 1580 a proclamé son indépendance !

Le trésor, ramené en Espagne l'année précédente, était quasi inexistant (six galions et quatre nefs), la majeure partie des richesses ayant été laissée au Pérou et au Mexique, par précaution. Ces difficultés font qu'en 1641, la couronne d'Espagne manque cruellement d'or et d'argent. Elle devient très pressante auprès de ses officiers et cadres, contraignant donc la flotte à partir au plus tôt. D'où la hâte de Juan de Campos.

Le 13 septembre 1641, la flotte appareille donc de La Havane, toujours escortée, comme c'est le cas depuis Veracruz, par l'armada de Barlovento, qui est commandée par Fernando de Sosa Suarez. Mais le deuxième jour de navigation, une importante voie d'eau se déclare sur le *Nuestra Señora de la Concepción*, et toute la flotte doit revenir à La Havane, où des réparations hâtives sont effectuées. Le 20 septembre 1641, le départ définitif a lieu.

Huit jours plus tard, la flotte a déjà franchi le détroit de Floride quand, par trente degrés de latitude nord, elle est assaillie par un ouragan, soufflant sud-sud-est, qui la disperse. Cinq navires font rapidement naufrage. La *capitana* réussit à s'en sortir, mais perd quatre marins dans la tourmente. Elle traverse l'Atlantique, sans autre encombre, mais va se perdre à l'arrivée, avec tout son trésor, sur les secs de la barre de San Lucar de Barrameda, devant Cadix.

Le lundi 30 septembre, on compte près de trois mètres d'eau sur la carlingue du *Nuestra Señora de la Concepción*, et il est impossible d'empêcher le niveau de monter. Voyant cette situation, l'amiral consulte ses officiers pour aviser. Tous optent pour continuer à pomper jusqu'à ce que l'on puisse arriver sur l'une des îles de l'archipel des Bahamas.

Un fait peu banal montre les dégâts qu'avait subis le galion : dans la soute à munitions (la sainte-barbe), non seulement la poudre avait disparu, emportée par l'eau, mais aussi les barils et les jarres qui l'avaient contenue. L'écrivain de bord fut envoyé dans la soute pour constater et consigner ce que personne, sans cela, n'aurait voulu croire plus tard.

Un conseil est réuni, car l'amiral lui-même doit, selon les règlements de la Casa de Contratación, s'effacer devant les décisions des pilotes et des notables du bord. Unanimement, la décision est prise d'essayer de rejoindre Puerto Rico.

Dans les jours qui suivent, de nombreuses barres d'or et d'argent sont remontées, ainsi qu'une paire d'étriers en argent, diverses poteries, de la vaisselle… William Phips réussit à récupérer ainsi « vingt-six tonnes et sept cents livres d'argent, dix-sept tonnes de pièces de huit réaux en argent, deux barres d'argent de dix-sept livres et six canons de mille trois cents kilos, le tout estimé à plus de deux cent mille livres sterling ».

Durant vingt-quatre jours, le *Nuestra Señora de la Concepción* navigue au sud-est, rencontrant des calmes, des vents et courants contraires et, lorsqu'on estime se trouver au vent des îles Vierges, d'après l'opinion des pilotes Bartolomé Guillen et Matias de Esteban Artuesa, le galion vire pour faire route au sud et trouver la terre. Après avoir gardé ce cap pendant deux jours, l'amiral pense qu'il est impossible d'avoir franchi tant de chemin, comme l'affirment les deux pilotes.

Une divergence grave oppose donc l'amiral aux pilotes à propos de la position réelle du navire : ces derniers le situent au nord d'Anegada (par environ dix-neuf degrés nord et soixante-quatre degrés ouest), tandis que le premier s'inquiète fortement, car il le situe au nord des redoutables récifs Abrojos (par environ vingt et un degrés nord et soixante-dix degrés ouest) – de « abre ojos » (« ouvre l'œil ») –, aujourd'hui connus sous le nom de Banc d'Argent. Les événements vont, malheureusement, lui donner raison !

L'amiral les implore donc, à plusieurs reprises, de prendre bien garde aux Abrojos, et de gouverner pendant cinq jours supplémentaires au sud-est. Mais les deux pilotes affirment qu'il est inutile de prendre une telle mesure, ajoutant qu'ils sont sûrs que ces dangereux récifs se trouvent à cent trente lieues de distance.

Le 30 octobre, en fin de journée, par temps calme, l'amiral ordonne de masquer les voiles et de mettre ainsi le navire en panne pour la nuit. Mais les pilotes, ayant encore le dernier mot, contrecarrent son ordre et font envoyer les voiles hautes.

À 20 h 30, le *Nuestra Señora de la Concepción* touche les récifs de la barrière nord du Banc d'Argent et talonne. De nouvelles voies d'eau apparaissent et la dernière ancre ainsi qu'un canon sont jetés par-dessus bord en attendant le lever du jour. Le lendemain, de bonne heure, on met une chaloupe à la mer pour reconnaître les environs et tenter de trouver un passage pour sortir du dédale de récifs dans lequel le galion se trouve prisonnier. L'équipage essaie, avec l'énergie du désespoir, de remorquer le navire en utilisant la chaloupe à travers un passage entre les récifs, pour gagner le côté sous le vent de la barrière et le mettre ainsi à l'abri. Malheureusement, ces efforts, qui durent trente-six heures, échouent juste avant qu'ils atteignent l'autre côté de la barrière.

Au lever du jour, le *Nuestra Señora de la Concepción* pivote sur lui-même et, malgré son ancre de miséricorde lestée d'un canon qui est mouillée vers l'est, s'échoue définitivement, piquant du nez sur un grand récif qualifié de « pierre plate » par les naufragés. On calcule six brasses d'eau au-dessus de la coupée et huit brasses sur la proue.

L'amiral donne des ordres pour que l'on monte toute la *plata* (monnaie frappée en or et/ou en argent) sur le pont, mais cette décision, encore une fois, n'est pas approuvée, étant démontré qu'il serait plus facile à l'ennemi de s'en emparer, et qu'il est donc plus sûr de la laisser là où elle est.

Le samedi 2 novembre, vers trois heures du matin, le navire coule ; seule la partie supérieure du château-arrière dépasse de l'eau, la poupe reposant sur le fond. La panique s'empare des passagers dans la nuit remplie d'éclairs et de coups de tonnerre. Craignant de ne pas voir le jour se lever et voulant sauver leur vie, un grand nombre de passagers commencent à se ruer en direction de la chaloupe. L'amiral veut rétablir l'ordre, menaçant tout le monde de son épée. Mais comme personne n'obéit plus, le second saisit l'amiral et se jette à l'eau avec lui. L'amiral ne sait pas nager, se met à gesticuler, attrape par les pieds quelqu'un dans l'eau, et ne le lâche que lorsqu'il est hissé à bord de la chaloupe, où déjà plus d'une trentaine de personnes se sont entassées, avec une certaine quantité d'or.

Les autres restent sur l'épave et sur la pierre plate, attendant les secours d'Anegada qu'ils pensent toute proche. Au bout de plusieurs jours, bon nombre se mettent à fabriquer des radeaux, utilisant tout le gréement disponible du navire : cent soixante-dix-huit personnes partent, une semaine après le naufrage, réparties sur quatre radeaux, peu avant qu'un violent coup de vent du nord ne balaye pour toujours les cent cinquante malheureux demeurés sur place. On sait qu'au total, sur les quatre cent quatre-vingt-seize personnes à bord, trois cent quinze périrent de faim, de soif ou dévorées par les requins et cent cinquante autres furent capturées par un navire pirate anglais qui leur prit cinq cent mille pesos et les abandonna, dénudées, sur la côte.

La chaloupe, avec Villavicencio à son bord, navigue cap ouest-sud-ouest. À la pointe du troisième jour, ils voient la terre et se dirigent vers elle, croyant qu'il s'agit de l'île de Puerto Rico. Arrivés à la côte, ils trouvent une petite crique où ils débarquent. Cela fait maintenant quatre jours qu'ils n'ont rien bu ni mangé et, ne trouvant ni eau ni nourriture, ils marchent vers l'intérieur sans rien trouver de plus, à moitié nus et déchaussés. Morts de fatigue, ils décident de revenir à la chaloupe pour longer la côte.

Huit jours plus tard, une averse leur permet de recueillir de l'eau dans leurs chemises et de boire, apaisant la soif qui les dévorait. Au bout de douze jours, ils arrivent sans le savoir près de Monte Cristi, dans l'île d'Hispaniola, et réussissent à manger quelques crabes.

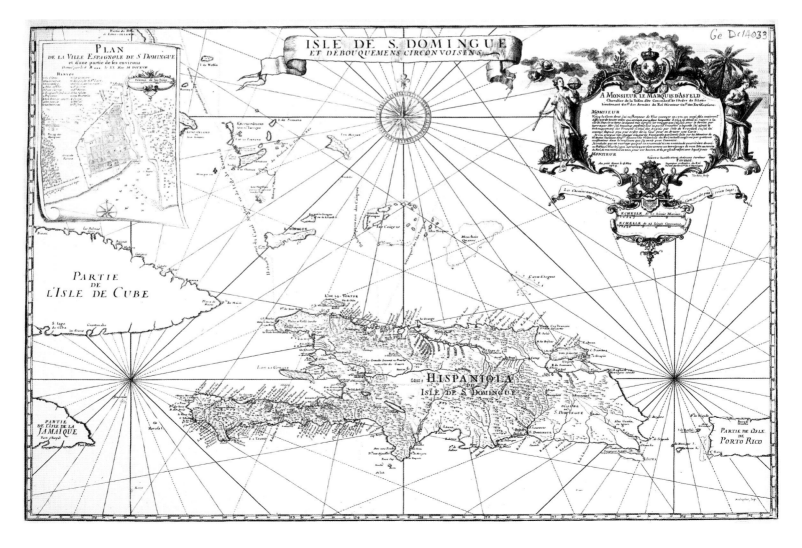

L'île de Saint-Domingue et le Banc d'Argent (1724).

L'amiral prend la décision d'envoyer des hommes vers l'intérieur. Trois partent d'un côté et deux de l'autre. Ces derniers rentrent bredouilles, mais les trois autres rencontrent par hasard un homme et son fils et reviennent avec des chevaux. Finalement, les trente et un hommes qui avaient embarqué sur la chaloupe parviennent à moitié morts à Saint-Domingue le 25 novembre.

La perte du *Nuestra Señora de la Concepción*, très richement chargé, fait grand bruit et donne lieu à une enquête approfondie de la part des autorités espagnoles de l'époque, le principal souci de la couronne d'Espagne étant de récupérer ses richesses. Ordre est donc donné d'organiser des sauvetages pour retrouver le contenu de l'épave.
Juan de Villavicencio et Fernando de Sosa s'y prennent à trois reprises et échouent autant de fois, pour diverses raisons (mauvais temps, pirates…), de sorte que le 18 mai 1642, ils déclarent les recherches closes. Il faut dire que rien, dans les documents, n'indique une grande ardeur de leur part, soit que l'entreprise ait été vraiment trop difficile, vu les moyens rudimentaires de l'époque et la dangerosité des lieux, soit qu'ils aient préféré laisser l'épave introuvable pour ne pas avoir à révéler d'éventuelles indélicatesses commises sur la cargaison, en particulier au sujet d'un ajout considérable de marchandise de contrebande. Pendant tout le XVIIe siècle, la Maison royale espagnole va accorder des permis de recherche à des particuliers en vue de retrouver cette épave et de renflouer ses caisses.
Gaspar de los Reyes Palacio est incontestablement le plus compétent des sauveteurs d'épaves. Il est connu pour avoir dirigé la tentative de récupération du trésor de l'épave du *Nuestra Señora de las Maravillas*, en 1659. Il se rend donc sur le Banc d'Argent, en 1666, à la tête d'une flottille composée d'une frégate de vingt-quatre canons et d'autres bateaux de moindre importance. Mais il est chassé par le mauvais temps et subit beaucoup de pertes. Finalement, il abandonne les recherches.

William Phips est un capitaine aventurier originaire de Boston. Il commence sa carrière de marin en tant que flibustier au service du roi d'Angleterre, plus ou moins officiellement selon les circonstances. Dans le droit fil de ses actions, il réussit à monter, avec l'appui de la Maison royale d'Angleterre et d'un groupe de gentlemen aventuriers, une expédition « dans les Bahamas » à la recherche « d'un galion espagnol », coulé en 1643, sur la foi de renseignements qu'il dit détenir.
En février 1687, « sur les récifs au nord d'Hispaniola », l'un de ses plongeurs aperçoit une grosse gorgone qui a poussé sur une barre d'argent ! Dans les jours qui suivent, de nombreuses barres d'or et d'argent sont remontées, ainsi qu'une paire d'étriers en argent, diverses poteries, de la vaisselle… Il réussit à récupérer ainsi « vingt-six tonnes et sept cents livres d'argent, dix-sept tonnes de pièces de huit réaux en argent, deux barres d'argent de dix-sept livres et six canons de mille trois cents kilos, le tout estimé à plus de deux cent mille livres sterling… » (Extrait d'une lettre de l'ambassadeur d'Espagne Pedro Ronquilla adressée, le 7 juillet 1687, au roi d'Espagne Charles II).
Le 8 juin 1687, Phips revient à Gravesend, sur la Tamise, avec sa cargaison. Il touche en récompense un seizième du trésor ainsi qu'une grande coupe d'or, est anobli par le roi d'Angleterre et nommé gouverneur du Massachusetts.

Il monte une autre expédition (fin 1687-début 1688) sur le site, mais rentre pratiquement bredouille, en avril 1688, avec seulement douze mille livres en argent et quelques couleuvrines en bronze, n'ayant pas pu percer la coque, déjà encroûtée, ni dégager les pierres de lest collées ensemble comme du mastic.

Sa découverte est néanmoins à l'origine d'une légende qui naît peu à peu et vient se superposer aux tentatives de sauvetage de la cargaison du *Nuestra Señora de la Concepción*. La certitude de la récupération du trésor du *Nuestra Señora de la Concepción* par Phips sera tellement ancrée dans les esprits que toutes les tentatives ultérieures, notamment au XXe siècle, se fonderont sur la localisation et les données avancées par celui-ci. Ses renseignements sont d'une bonne qualité technique, car il s'est fait accompagner par des savants, dont le cartographe Thornton, qui laisse des documents cartographiques de valeur. Mais ces faits appellent, déjà, quelques commentaires.

Gravure du XIXe siècle de Sir William Phips.

Nulle part, dans le décompte des richesses retrouvées par Phips, n'apparaît la moindre pièce d'or ! Or, on sait que le *Nuestra Señora de la Concepción* en transportait une grande quantité. Que Phips ait récupéré beaucoup d'argent est logique, mais qu'il n'ait pas récupéré une seule pièce d'or est invraisemblable ! D'autre part, la référence à des « pierres de lest » est incohérente. Les navires militaires, comme le *Nuestra Señora de la Concepción*, étaient lestés selon des règles très strictes : lest de fonte (souvent de vieux canons, mais d'habitude des gueuses) maintenu par un épandage de gravillon calibré, plus une partie de « lest mobile », pour les besoins de la navigation. Ils n'étaient jamais lestés de pierres, ceci étant la caractéristique des navires de commerce. Il semble évident qu'un vaisseau revenant vers l'Espagne, surchargé de matières précieuses lourdes et denses (densité de l'or : dix-neuf ; densité de l'argent : douze), n'allait pas s'encombrer d'un lest de pierres occupant inutilement une partie du volume de sa coque.

Enfin, il est important de noter que Phips ne parla lui-même jamais de « son » épave comme étant celle du *Nuestra Señora de la Concepción*. D'ailleurs, rien dans sa description des lieux et de la cargaison ne correspond à celle décrite par les rescapés du naufrage.

En fait, c'est l'ambassadeur d'Espagne, Pedro Ronquilla, déjà cité, qui s'empressa de réclamer au roi d'Angleterre les trésors retrouvés par Phips comme étant la propriété du roi d'Espagne. Les Anglais répondirent que, d'après le droit international de la mer, cette épave abandonnée en haute mer n'appartenait qu'à son inventeur. Ronquilla argumenta qu'il s'agissait, en fait, de l'épave du *Nuestra Señora de la Concepción* que la couronne d'Espagne cherchait à récupérer depuis une moitié de siècle, tout en invoquant la suzeraineté de son monarque sur la mer des Caraïbes. Mais la Haute Cour d'Angleterre ne donna pas suite à sa requête. Voilà pourquoi, et comment, est née la légende de la récupération de l'épave du *Nuestra Señora de la Concepción* par William Phips !

Les galions espagnols

La confusion aurait pu être définitive si Phips ne s'était fait accompagner, en 1688, lors de sa dernière campagne, par sir Hans Sloane, le plus grand naturaliste anglais de son époque, fondateur du British Museum. Ce dernier, dans l'un de ses livres, relate la découverte de Phips, donne une évaluation de la cargaison récupérée, et étudie les madrépores poussant sur les divers vestiges. De plus, il établit d'après la date des monnaies l'année approximative du naufrage : 1659, soit dix-huit ans après le naufrage du *Nuestra Señora de la Concepción* !

Au XXe siècle, avec le développement des techniques de plongée, notamment du scaphandre autonome, l'intérêt pour la quête et la récupération de riches épaves augmenta considérablement, incluant bien entendu le *Nuestra Señora de la Concepción*. Tous les chasseurs de trésors qui se lancèrent à sa recherche se basèrent sur les données de l'épave officiellement récupérée par William Phips. Parmi eux, nous mentionnerons les personnes suivantes.

Alexandre Korganoff, fils d'un Russe blanc émigré à Paris et écrivain maritime, monte en 1952 une première expédition financée par le millionnaire et playboy dominicain Porfirio Rubirosa. Celle-ci se heurte à une mutinerie de l'équipage et tourne court.
En 1955, une seconde expédition est préparée à grand renfort de publicité, mais n'aboutit pas. En 1969, Korganoff envoie sur le Banc d'Argent l'hydrographe américain Glenn Russel Krause, qui tourne un film en seize millimètres, où l'on voit une ancre appuyée contre un récif, prend des photos et dresse des plans… puis arrête ses investigations.

Portait de Sir Hans Sloane, médecin et naturaliste britannique, par Stephen Slaughter (1736).

Ted Falcon Barker, un aventurier australien, tente sa chance peu de temps après. À sa grande surprise, il remonte du fond une chaîne d'or et une grosse émeraude. Il revient sur les lieux à bord d'un petit voilier et réussit à récupérer quatre-vingt-seize pièces d'or ainsi qu'un doigt en or provenant d'une statue.

Le commandant Jacques-Yves Cousteau cherche lui aussi le *Nuestra Señora de la Concepción* sur le Banc d'Argent, durant l'été 1968, à bord de la *Calypso*. Il y a été amené par Remy de Haenen, ancien maire de Saint-Barthélemy (Antilles) et personnage haut en couleur, ayant survolé le Banc d'Argent à bord de son avion personnel. L'équipe Cousteau trouve une épave et mène des recherches, plus médiatiques que scientifiques. Elle tourne un film, puis arrête les fouilles quand elle découvre des poids de balance datés de 1756, soit cent quinze ans après le naufrage du *Nuestra Señora de la Concepción* !

Burt Webber mène plusieurs campagnes, financées par des capitaux dominicains, de 1977 à 1980, la première portant le nom d'« Opération Phips ».

En 1980, Webber annonce qu'il a trouvé l'épave du *Nuestra Señora de la Concepción*, guidé en cela par le journal de Rogers, second de Phips. Il se déclare déçu par la pauvreté du trésor, l'attribuant au bon travail de Phips. Il a visiblement mal lu ce dernier, et surtout Rogers, car tous deux déclaraient que, dans *leur* épave, il restait encore au moins dix-sept tonnes d'argent et beaucoup de pièces de monnaie (lettre conservée aux Archives nationales de Paris). Il y découvre quand même plus de soixante mille pièces d'argent, de nombreuses chaînes en or, plusieurs pièces d'or et des milliers d'autres vestiges, incluant trois astrolabes et une collection de porcelaines chinoises Ming. Sa découverte est estimée à environ dix millions de dollars. Une partie de ces vestiges est exposée aujourd'hui dans un petit musée à Saint-Domingue.

Mais tous ces chercheurs ont commis les mêmes erreurs. Tout d'abord, ils ne cherchaient pas la bonne épave. Ils se basaient sur les indices de Phips, mais n'avaient pas lu sir Hans Sloane. S'ils l'avaient fait, ils auraient compris que l'épave de Phips, datée de 1659, n'était pas la bonne.
Ensuite, ils ignoraient une loi naturelle fondamentale: celle de la sédimentation régissant l'évolution des objets sous la mer. Tout objet qui coule sous le vent d'une barrière corallienne se trouve dans un milieu de basse énergie où les particules sont peu soumises aux forces du vent et de la houle, soit un milieu où la sédimentation est importante. Ce milieu est stable, sauf dans le cas de cyclones. Une épave coulée sous le vent de la barrière constitue donc un piège en creux qui va se remplir. Ce remplissage va compenser l'effet de destruction de l'effondrement infligé à l'épave par l'action mécanique des vagues ou les phénomènes de corrosion. Toute épave reposant dans un tel milieu aura donc tendance à se trouver, après plusieurs siècles, assez bien conservée et enfouie dans les sédiments.

Les anciens comptes de la Caisse de Veracruz mentionnent, pour les deux galions *capitana* et *almiranta*, le prix de cinq cent soixante et un pesos payé pour trois cent cinquante caisses en cèdre qui étaient destinées uniquement à transporter la part revenant au roi (le «quinto real»), soit vingt pour cent de la valeur officielle de la cargaison. Les métaux précieux transportés par les particuliers, ainsi que la contrebande, qui pouvaient plus que doubler la valeur de la cargaison officielle, ne sont pas signalés. À propos de la dimension exacte des caisses, on peut faire une déduction: en effet, nous savons que la règle stipulait qu'une caisse d'or devait être portée obligatoirement par deux hommes, et non par un seul, pour des raisons évidentes de sécurité. Une caisse pesait environ quatre-vingts kilos, ce qui nous fait (uniquement pour l'or du roi) un total pour les deux galions d'environ vingt-huit tonnes d'or. Mais il devait y en avoir une quantité beaucoup plus importante.
Un document de 1672, écrit par Petri y Arce, ami du maître d'équipage rescapé du naufrage, nous apprend que l'*almiranta* était armée de trente-six pièces d'artillerie en bronze et ramenait, en dehors de ce qui appartenait à la Couronne, plus de quatre millions de pesos en monnaie !

Nous savons qu'au XVIIe siècle, deux mille mules sont rassemblées chaque année dans la ville de Panamá afin de transporter, à travers l'isthme, les richesses en monnaies et métal qui arrivent du Pérou et de la Bolivie pour être chargées, de l'autre côté, à Porto Bello, à bord de la flotte de Terre Ferme.

Les galions espagnols

Ci-contre : De vieilles pièces de monnaies sont mises au jour.

Ci-dessous : Cartographie sous-marine de l'épave.

Cette indication est intéressante, car les cargaisons des deux flottes étaient sinon égales, tout au moins du même ordre. Or, d'après les auteurs de l'époque (Tournefort, 1700), la charge d'une mule était d'environ deux cent cinquante kilos, ce qui équivaut à un total de cinq cents tonnes ! Nous savons par ailleurs qu'en 1641, la flotte de Nouvelle-Espagne transportait la charge de deux années consécutives, répartie sur les deux galions *capitana* et *almiranta*. La capacité maximale était d'environ trois cent cinquante tonnes pour le *Nuestra Señora de la Concepción*.

Les documents de l'époque nous apprennent, sans ambiguïté (récit des naufragés lors de l'enquête), que l'*almiranta* était chargée « à couler bas » et que des caisses de lingots étaient entassées jusque dans les coursives et sur le pont. La cale devait déjà être pleine à craquer, assurant ainsi la stabilité du navire. Nous savons, par Oexmelin, écrivain de la fin du XVIIe siècle, qui fut chirurgien auprès d'Henry Morgan, le fameux flibustier, que tous les trois ans la flotte de Nouvelle-Espagne transportait la récolte de perles pêchées à l'île Margarita (sur les côtes du Venezuela actuel). Or, 1641 était précisément une telle « année à perles ».

Nous en déduisons que la valeur de la cargaison du *Nuestra Señora de la Concepción*, sans tenir compte de la contrebande, devait avoisiner un milliard d'euros. Cependant, l'aspect financier n'est pas le seul intérêt de cette épave. Il faut penser aussi aux énormes valeurs archéologique, historique et culturelle que représentent ses vestiges comme legs universel pour l'humanité.

Le *Nuestra Señora de las Maravillas*

(1656)

En février 1654, un vent de panique souffle à la cour du roi Philippe IV d'Espagne. Des nouvelles alarmantes, rapportant que l'Angleterre est en train de préparer l'envoi d'une flotte de plusieurs dizaines de navires vers les Indes occidentales, se sont répandues comme une traînée de poudre. Bien que l'Angleterre ne soit pas officiellement en guerre avec l'Espagne, tous les marchands et armateurs de Séville craignent tout à coup que cette flotte ne vienne piller les Caraïbes et attaquer la prochaine *plata flota* (« flotte d'argent ») ramenant l'or, l'argent, les pierres précieuses et les diverses richesses du Nouveau Monde. Le Conseil des Indes, à Madrid, propose tout de suite à la Couronne de mettre sur pied une escadre de guerre pour escorter les navires marchands, ordinairement protégés par quelques galions armés.

Le 10 juillet 1654, la flotte qui sort du Guadalquivir à destination des Indes occidentales compte cinq galions royaux, avec de nombreux soldats armés, deux pataches et un navire marchand. Le capitaine général de la flotte, Luis Francisco de Montealegre, commande la *capitana San Joséph*. L'*almiranta*, le *Nuestra Señora de las Maravillas*, un galion de neuf cents tonneaux, armé de trente-six canons de bronze, quatre demi-canons de dix-huit livres, seize demi-canons de seize livres, huit quarts de canons de dix livres, quatre-vingts mousquets et cinquante arquebuses, est commandé par Matias de Orellana.

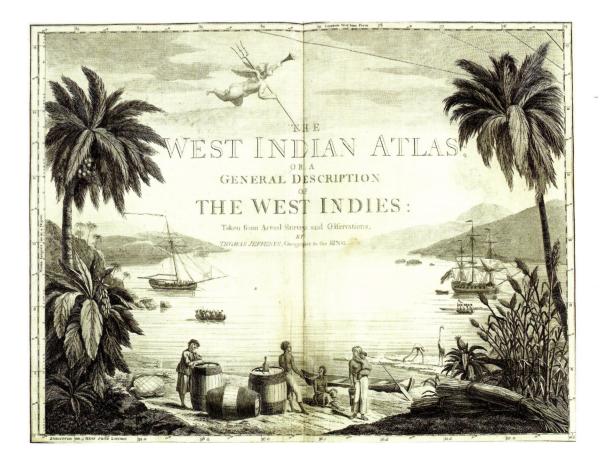

Frontispice de l'atlas de géographie consacré aux Indes occidentales par le géographe du prince de Galles en 1794.

Les galions espagnols

Le 22 août, l'Armada royale arrive en vue de Carthagène, où elle mouille après une traversée sans encombre. Des courriers partent aussitôt pour annoncer l'arrivée de la flotte tant attendue. Bien que dans le port péruvien de Lima un énorme trésor en argent soit accumulé dans la forteresse du Callao depuis le 23 août, les marchands font encore retarder le départ, qui n'a lieu que le 18 octobre.

La *capitana* de la flottille du Pacifique, le *Jesus-Maria*, immense galion de trente-sept mètres de long, armé de soixante canons, heurte sur sa route un récif dans la baie de Guayaquil, en Équateur, et reste échoué dans quatre à cinq brasses d'eau. Ce navire transporte le plus gros de l'argent du Trésor royal ainsi que des quantités considérables de richesses appartenant à des particuliers. Une opération de sauvetage de l'épave est aussitôt décidée. Il faut attendre que la récupération de la cargaison du *Jesus-Maria* soit terminée pour envisager le départ vers l'Espagne.
Une grande surprise attend les sauveteurs... En quelques semaines à peine, ils sortent des flots beaucoup plus de richesses que celles qui sont répertoriées sur l'inventaire officiel de la cargaison. Quel est leur étonnement lorsqu'ils se rendent compte que cinq fois plus d'or et d'argent que ce qui a été déclaré officiellement au moment du paiement des taxes et du fameux quinto real au roi a été entassé dans la cale ! Mais la stupeur est à son comble quand on apprend qu'en plus des trésors que la *capitana* est censée transporter exclusivement, on a récupéré, dans sa soute, une cargaison de contrebande composée de onze mille jarres de vin, deux cents sacs de farine, quatre mille blocs de sel, de nombreux sacs de cochenille, des balles de laine et des tonneaux d'indigo... Toutes ces marchandises sont évacuées sur Carthagène et chargées à bord des navires de la flotte.

Un deuxième coup dur survient avec l'annonce qu'une escadre anglaise, constituée de cinquante navires de ligne anglais et placée sous l'autorité de l'amiral Penne, assiège Saint-Domingue. Le marquis de Montealegre est de nouveau obligé de différer le départ de la flotte.
Après plusieurs ordres et contrordres, le Conseil prend finalement la décision d'envoyer la flotte à Veracruz afin d'embarquer de nouvelles marchandises. Le *Nuestra Señora de las Maravillas* y est chargé à bloc.
On y entasse des objets d'art en or, en argent, en jade et en ivoire, de la soie, des caisses de porcelaine chinoise et des épices, toutes ces marchandises ayant transité à dos de mulets depuis Acapulco. Tous les navires de la flottille sont chargés au maximum de leur capacité. Les marchandises s'entassent même sur le pont et entre les canons, et il est impossible d'y ajouter la moindre caisse, quand la nouvelle tant attendue parvient enfin : les Anglais ont quitté les parages.
Le 7 septembre 1655, le départ est donné sans délai et, le 10 octobre, les navires arrivent à La Havane où ils mouillent à l'abri. Quelques marchandises supplémentaires – des caisses de sucre, de cacao, de cuirs et de tabac – sont encore amassées dans les coursives. Mais le long séjour des galions dans les eaux chaudes des Caraïbes les a détériorés, et il faut impérativement caréner, gratter les coques pour les débarrasser des coquillages et des algues qui s'y sont fixés, calfater et réparer les gréements.

Vue générale de La Havane in Recueil. Topographie de l'Amérique centrale et des Antilles (XVIIIe siècle).

Les merveilles de trois ans de « récolte » se trouvent maintenant stockées dans les cales des navires. Par souci de précaution, le marquis de Montealegre décide de répartir les plus onéreuses sur les deux plus gros galions de la flotte, c'est-à-dire la *capitana Nuestra Señora de la Limpia Concepción* et l'*almiranta Nuestra Señora de las Maravillas*.

Au dire des observateurs de l'époque, jamais une telle quantité de richesses n'a été embarquée sur des navires en partance pour l'Espagne ; plusieurs cales du *Nuestra Señora de las Maravillas* ont été réservées uniquement à l'or. Le manifeste de la cargaison signale, entre autres, la présence à bord d'une statue grandeur nature de la Vierge Marie portant l'Enfant Jésus, en or massif, de cinq cents kilos !

Le 1er janvier 1656, la flottille au grand complet, comprenant la *capitana*, l'*almiranta*, deux autres galions et deux pataches, quitte le port de La Havane en direction de l'est. L'*almiranta*, bonne marcheuse, qui devait se trouver normalement en queue de convoi, dépasse rapidement toute la flotte et se retrouve en tête.

Le 4 janvier, vers midi, après avoir louvoyé contre un vent de nord-est, la vigie du *Nuestra Señora de las Maravillas* aperçoit la côte de Floride. Ordre est donné de virer immédiatement à l'est pour une nouvelle bordée.

Les galions espagnols

Vers 23 heures, un veilleur posté à l'avant du navire et préposé au sondage régulier du fond pousse un cri ; le galion évolue dans des fonds anormalement peu profonds – treize brasses seulement ! D'ailleurs, la couleur vert clair de l'eau indique que le navire doit se trouver aux abords d'un banc. L'amiral Matias de Orellana fait tirer aussitôt un coup de canon, pour prévenir du danger le reste du convoi, et le *Nuestra Señora de las Maravillas* vire de bord dans la nuit épaisse.

Soudain, une clameur retentit : surgie de l'obscurité, la masse imposante de la *capitana Nuestra Señora de la Limpia Concepción* fonce droit sur le flanc de l'*almiranta*. Il n'y a pas âme qui vive sur le pont de ce dernier. Il éperonne le *Nuestra Señora de las Maravillas* avec tant de force qu'il ouvre une large brèche. Un marin qui œuvrait dans les gréements de l'*almiranta* tombe sous le choc et se retrouve… dans les gréements de la *capitana*, qui se dégage et reprend sa route en aveugle vers l'Espagne, « comme un fantôme », dans un silence total et sans personne en vue, ainsi que le contera plus tard l'un des rescapés du naufrage.

En toute hâte, on tâche de colmater la brèche et les quatre pompes du *Nuestra Señora de las Maravillas* fonctionnent vite à plein régime. Malgré cela, le niveau de l'eau monte rapidement et Matias de Orellana réalise que son navire est perdu. La seule solution est de l'échouer au plus vite sur un haut-fond, afin d'attendre les secours.

Il fait remettre le cap à l'est et, deux heures plus tard, le plomb de sonde indique seulement six brasses de fond. Il fait mouiller deux ancres et attend que la quille de son navire se pose en douceur sur le fond sableux. Il se trouve sans le savoir sur le banc de « Los Mimbres », non encore répertorié sur les cartes.

Malheureusement pour les six cent cinquante hommes, femmes et enfants présents à bord, une soudaine et forte tempête se lève, et les flots emportent des grappes entières de passagers. Au plus fort de la tourmente, tout le château-arrière se rompt et part, tel un énorme bouchon, sur la mer démontée. Au petit matin, lorsque les passagers se comptent, on ne dénombre plus que quarante-cinq survivants, qui sont sauvés le lendemain par un autre galion du convoi.

Dès que la nouvelle est connue, six frégates partent du Venezuela pour tenter de récupérer les restes de l'épave. Elles arrivent sur les lieux trois mois après le naufrage. Les commentaires des sauveteurs sont très explicites : « L'eau était si claire et le sable si blanc que l'on pouvait voir distinctement tout ce qu'il y avait sur le fond. On pouvait voir les barres d'argent répandues au fond de la coque. Toute l'artillerie se trouvait parmi le lest de pierres, mêlées aux montagnes de barres d'argent… Quel dommage que le château de poupe soit parti en dérive, parce que c'est là que se trouvaient la plupart des coffres les plus précieux appartenant aux particuliers et il va être bien difficile maintenant de deviner dans quelle direction et jusqu'où le château de poupe va dériver, car les courants ici sont variables et bien imprévisibles… »

Ci-dessous : *Levage d'une ancre grâce à un parachute.*

Après le dégagement du sable par la « mail-box », les fouilles peuvent commencer.

À droite : *Les deux « mail-boxes » fixées à la poupe du navire de recherche.*

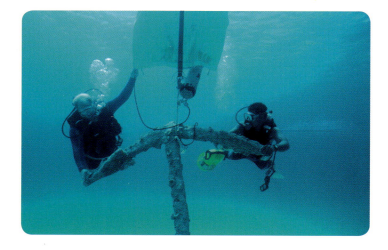

En cinq mois de travail, les plongeurs indiens amenés par les Espagnols ne remontent que seize canons, quelques dizaines de lingots d'argent et quelques pièces d'or. Des tentatives ultérieures ont lieu pendant environ quatre ans, puis à nouveau en 1677. Ces dernières permettent de récupérer plusieurs tonnes d'argent mais les trois quarts du trésor, constitué d'or, de bijoux et de pierres précieuses, restent introuvables.

Durant trois siècles, l'épave retombe dans l'oubli, jusqu'en 1972, où un chercheur de trésors sous-marins, Robert Marx, la retrouve après une fastidieuse recherche en archives à Séville et en remonte des monnaies et des lingots d'argent, pour une valeur de trois millions de dollars. Malheureusement pour lui, un grave différend l'oppose au gouvernement des Bahamas. Marx est expulsé du site, avec interdiction d'y revenir.

Le site de Little Bahama Bank, où il avait fait ses découvertes, va encore rester quatorze ans au calme, jusqu'en juin 1986, où un homme d'affaires américain, Herbert Humphreys, décide de prendre le relais et de se lancer à son tour sur la trace du château-arrière du *Nuestra Señora de las Maravillas*. Tel le Petit Poucet, le château-arrière a semé, tout au long de son périple au gré des courants, des vestiges de grande valeur. C'est ainsi qu'Herbert Humphreys et son équipe, à bord du *Beacon*, un navire ultrasophistiqué, réussissent à relocaliser la piste et découvrent lors de la première campagne de fouilles une véritable fortune en lingots, pierres précieuses, dont quarante-quatre émeraudes (l'une d'entre elles pèse plus de cent carats), et porcelaines chinoises de la dynastie Ming. Ils trouvent également des arquebuses incrustées d'or et des pièces de monnaie en or et en argent. Ces objets sont exposés dans le MAR's, Maritime and Sunken Treasure Museum, à Grand Cayman.

En 1989, Herbert Humphreys monte une expédition de grande envergure et s'attache les services d'archéologues sous-marins réputés, comme John de Bry et Robert Sténuit. Grâce aux progrès de l'informatique, il tente de reconstituer sur ordinateur la direction et la distance où doit se situer le château-arrière du navire. Au cours de l'été 1992, il détecte des anomalies magnétiques et, très vite, un canon de bronze est découvert. Mais ce dernier appartient en fait à une épave anglaise datant du milieu du XVIe siècle. Quelques jours plus tard, une autre épave est repérée : près de deux cents barres d'argent et une vingtaine de barres d'or sont repêchées ; elles portent le poinçon de Charles Ier d'Angleterre. Hésitant entre ces deux nouvelles découvertes imprévues et sa quête du château-arrière du *Nuestra Señora de las Maravillas*, il choisit ce dernier. Quelques mois plus tard, les plongeurs de son équipe retrouvent la piste du château-arrière et la suivent, de lingot en lingot (vingt-cinq lingots d'or, certains jours) et de bijou en bijou.

La traque et le suspense continuent aujourd'hui…

La baie de Vigo

(1702)

Au début du XVIIIe siècle, l'Espagne est déjà sur le chemin de la décadence. Elle ne possède plus qu'une quinzaine de navires de guerre, et c'est bien peu pour protéger ses flottes qui arrivent des Indes occidentales. Les gouverneurs des nouvelles provinces américaines sont, par conséquent, peu enclins à expédier en Espagne les richesses accumulées. De plus, la situation politique étant devenue trouble, ils redoutent que la couronne ne change de tête à tout moment.

Le roi de France, Louis XIV, vient de placer sur le trône d'Espagne son petit-fils, le duc d'Anjou, futur Philippe V. Selon ses propres dires, « il n'y a plus de Pyrénées ». La menace d'hégémonie des Bourbons inquiète l'Europe et une guerre, que l'histoire retiendra comme la guerre de Succession d'Espagne, menace. Contre le vieux roi de Versailles et le jeune roi de Madrid s'est créée la « Grande Alliance » unissant l'Angleterre, l'Autriche, la Hollande, la Prusse et le Hanovre.

Dans un tel climat de crainte et d'incertitude sur l'avenir, aucun convoi n'a quitté La Havane depuis 1698. Des richesses énormes s'entassent dans les ports des Amériques, alors que l'Espagne, au même moment, a un besoin urgent de fonds pour financer les préparatifs du conflit. Il faut, à tout prix, que des galions prennent la mer afin de ramener l'or et l'argent nécessaires pour renflouer les coffres de l'État.

Louis XIV décide alors d'aider son petit-fils, en mettant à sa disposition une escadre française pour protéger la prochaine *flota*. La Marine royale française s'est mal remise de sa défaite face aux Anglais en 1692, et elle ne possède plus que soixante navires, contre cent vingt pour l'Angleterre. François-Louis Rousselet, marquis de Châteaurenault, reçoit le commandement de la flotte d'escorte. Cette fois, il ne s'agit plus d'aller à la rencontre d'une flotte au cap Saint-Vincent ni aux Açores, mais bel et bien d'en escorter une, depuis son départ du port de La Havane jusqu'à la barre de San Lucar de Barrameda, face à Cadix, en Espagne.

Don Manuel de Velasco est nommé capitaine général de la flotte, et Châteaurenault amiral. La flotte franco-espagnole de vingt-trois navires part en décembre 1701. Durant la traversée, Châteaurenault est nommé vice-amiral du Levant, poste devenu vacant par la mort de Tourville.

Le 11 juin 1702, une imposante flotte repart donc de La Havane, emportant avec elle plus de richesses que jamais il ne s'en aventura sur les flots. Les documents de la *Casa de Contratación* l'attestent : les cargaisons comprennent « perles, émeraudes et améthystes, argent natif, en saumons et pièces de huit, or natif et en doublons, cochenille, indigo, ambre gris et noir, bois de Campêche, du Nicaragua, du Brésil, bois d'acajou, bois rouge, coton, tabac en feuilles roulées et en poudre, peaux tannées et peaux brutes, baumes du Pérou, de Tohu, jalap, salsepareille, sassafras, bézoard, tamarin, casse, cacao, gingembre, sucre, vanille… ».

Cependant, à peine arrivés aux Açores, les Franco-Espagnols reçoivent la nouvelle tant redoutée : le conflit vient d'éclater et des navires anglais et hollandais ont été aperçus au large de Cadix. Une réunion au sommet est décidée sur-le-champ à bord du *Jesus-Maria-Joseph*, la *capitana* de la flotte. Châteaurenault propose de cingler sur Brest ou La Rochelle, essayant ainsi de tromper l'ennemi. Mais, bien que de nombreux Espagnols aient donné leur accord à cette proposition, Velasco ne peut s'y rallier. Il a charge de rapporter au roi d'Espagne les richesses d'Amérique et, même si ce dernier est le petit-fils du roi de France, il ne peut se résigner à les remettre entre les mains d'un roi étranger.

Finalement, un compromis est trouvé. La flotte fera voile vers le nord de l'Espagne, et l'on déchargera les riches cargaisons dans le port de Vigo, qui présente un certain nombre d'avantages : il est situé au fond d'une baie encaissée et possède un étroit goulet de mille cinq cents mètres de long donnant sur une rade encore plus reculée, véritable lac marin. De plus, les hauteurs dominant le goulet sont fortifiées, ce qui semble assurer à ce lieu une sécurité hors pair.

Le 22 septembre 1702, la flotte fait son entrée dans la baie de Vigo. Les galions se blottissent au fond, devant le petit port de Redondela. Châteaurenault organise rapidement une solide défense militaire. L'étroit chenal de Rande est barré par une digue à claire-voie construite avec des pieux et des tonneaux reliés par des chaînes. Des câbles sont tendus à travers le goulet et trois vaisseaux français en bloquent le passage. Il fait débarquer plusieurs canons, qu'il fait placer sur deux forts des hauteurs et sur le rivage. De plus, la garnison est renforcée par des troupes régulières amenées de La Corogne et de Tuy, ainsi que par des milices locales et des paysans armés. La flotte se sent soudain tellement en sécurité que Châteaurenault renvoie en France cinq des navires de son escorte, dont il juge la présence superflue. À la tête de dix-huit vaisseaux, sûr de lui, il attend de pied ferme l'attaque ennemie...

La prudence eut voulu, à ce moment, que l'on déchargeât, le plus vite possible, les précieuses marchandises, afin de les stocker à l'intérieur du pays. Mais c'était sans tenir compte des formalités administratives draconiennes imposées par la *Casa de Contratación*, qui exigeait que les navires demeurent chargés. Seuls ses représentants ont le pouvoir de les faire décharger.

Des instructions sont donc demandées à Madrid, afin d'obtenir une dérogation à ce règlement stupide. Quelques jours plus tard, un courrier apporte l'ordre de ne débarquer que les lingots et monnaies destinés au Trésor royal. Durant une semaine, trois mille charrettes, tirées chacune par quatre bœufs, transportent en lieu sûr, à Lugo, Santiago et ailleurs, l'or et l'argent. Mais le plus gros des marchandises, celui qui n'est pas destiné au Trésor royal, ne peut être déchargé et doit être conservé à bord des navires.

À gauche : *Sir George Rooke (1650-1709).*

Ci-dessus : *Médailles commémoratives de la bataille de la baie de Vigo.*

Pages suivantes : *Carte de la bataille de la baie de Vigo.*

De plus, les banquiers de Cadix, qui sont les principaux affréteurs des galions, s'opposent formellement au débarquement des trésors, faisant valoir que les routes sont envahies de pillards. On confie à un juriste, Juan de Larrea, la mission de se rendre sur place afin de démêler l'imbroglio administratif. Or, ce dernier, voyageant par petites étapes, met quinze jours pour parcourir les sept cents kilomètres qui séparent Madrid de Vigo. Et, dès son arrivée, au lieu d'arranger la situation, il se lance dans d'interminables palabres. D'ailleurs, à quoi bon lui sert-il de se presser, dorénavant ? En effet, les dernières nouvelles viennent de lui apprendre que les Anglais ont essuyé un cuisant échec devant Cadix, et que leur flotte s'est scindée en deux, une moitié se dirigeant vers le sud, et l'autre vers l'Angleterre. Tout danger semble désormais écarté, et pour un bon moment.

La vérité est malheureusement tout autre : après avoir réglé certaines dissensions passagères, les flottes anglaise et hollandaise se sont regroupées et ont décidé de faire route ensemble vers le Nord. C'est maintenant une armada de cent cinquante navires ennemis qui cingle vers la Galice…

La fatalité va encore jouer un rôle important dans l'histoire : un navire anglais, le *Pembroke*, a fait relâche à Lagos, port neutre puisqu'en territoire portugais, afin d'y faire provision d'eau. L'aumônier du bord, ayant lié conversation dans une auberge avec un voyageur inconnu, découvre que celui-ci n'est autre qu'un messager chargé de remettre un pli en mains propres au général de la *plata flota*, attendue originellement à Cadix. Il raconte qu'il doit se rendre au plus vite à Vigo, où les galions ont été détournés, afin d'être en sureté. Dès son retour à bord du *Pembroke*, l'aumônier anglais s'empresse d'alerter son capitaine, qui fait force de voiles pour rejoindre le gros de l'escadre…

Le 19 octobre, après vingt-six jours d'hésitation, Velasco décide enfin de faire décharger du vaisseau-amiral soixante-cinq tonnes de lingots et de monnaies d'or qui sont chargés sur mille cinq cents charrettes et deux mille mulets que des soldats vont escorter jusqu'à Madrid. Deux cent cinquante tonnes de métaux précieux sont déchargées, un peu plus tard, d'autres galions mais, faute de moyen de transport, ces richesses sont entreposées dans le petit village de Redondela. Sur les trois mille quatre cents tonnes qui se trouvent sur les galions, trois cent quinze tonnes sont mises à terre. La moitié seulement arrivera à Madrid…

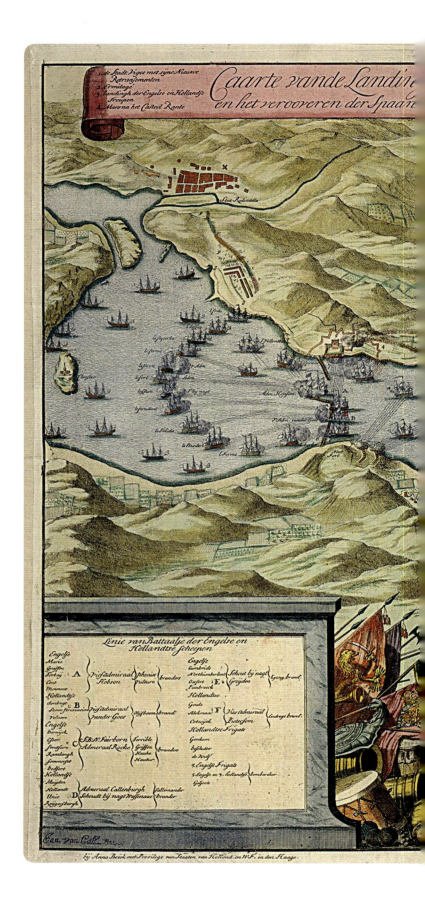

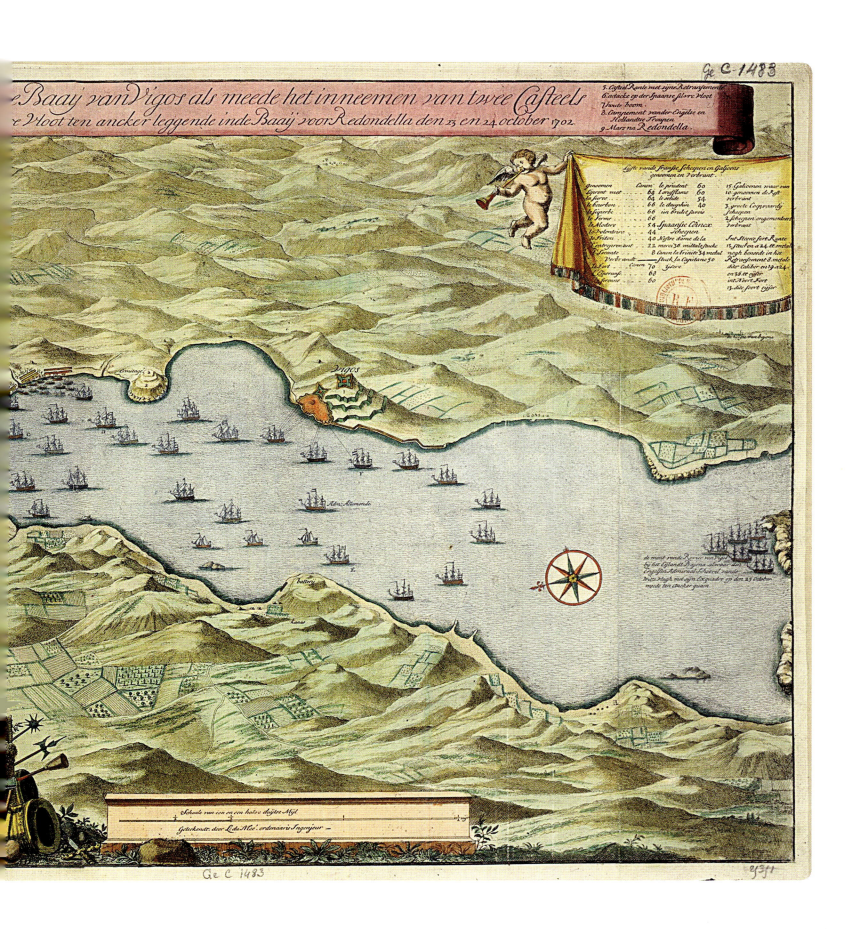

Les galions espagnols

Le 21 octobre, une flotte composée de cinquante navires de guerre et cent navires de transport, représentant une puissance de feu de trois mille cent quinze canons, commence à croiser devant la baie de Vigo. L'amiral Rooke exerce le commandement, aussi bien sur ses navires que sur ceux du vice-amiral hollandais Van der Goes. Après une journée d'observation, Rooke donne le signal de l'attaque et, le 23 octobre, vers midi, il envoie deux détachements de quatre mille hommes chacun, qui débarquent au nord et au sud du goulet, bousculant les milices espagnoles et prenant d'assaut les fortifications. Les miliciens espagnols s'enfuient sans combattre et seules les troupes régulières se défendent avec énergie. Mais, après trois heures de combat, en sous-effectif, elles doivent se rendre. Les canons du fort sont alors tournés par les Anglo-Hollandais contre les navires français qui gardent l'entrée du goulet.

En début d'après-midi, c'est à la flotte d'attaquer et, dans le goulet, s'engage un horrible combat entre les navires de Rooke et ceux de Châteaurenault. Jamais grand combat naval ne s'est déroulé dans un espace si restreint. Les canons font mouche à tous les coups et les combattants en viennent bientôt à se battre bord à bord, à coups de mousquets, de piques, de haches, de grenades et de bitume enflammé !

Le soir même, onze navires français ont été envoyés par le fond et les sept qui restent à flot ont du mal à contenir les assauts ennemis. Châteaurenault prévient qu'il ne pourra plus tenir longtemps. À la hâte, les galions mouillés près du port de Redondela tentent maladroitement de débarquer quelques marchandises, mais elles sont dérobées, au fur et à mesure, par ceux qui sont chargés de les défendre. Puis c'est une panique indescriptible : après avoir jeté un dernier coup d'œil sur les vaisseaux de la flotte anglo-hollandaise, dont les voiles sont gonflées par la brise du soir, Don Manuel de Velasco donne l'ordre de mettre le feu aux navires espagnols et Châteaurenault fait de même. Les marins espagnols balancent le plus de marchandises possible par-dessus bord avant de mettre le feu, et les assaillants n'ont bientôt d'autre souci que d'en éteindre les flammes. Au dire des témoins, beaucoup d'entre eux périssent en essayant de sauver l'or et l'argent entassés dans les cales. La consternation est générale, et l'on voit même des religieux sortir de leur couvent, nu-pieds, portant la croix et la bannière, et fondre en larmes en poussant des cris.

Lorsqu'on peut dresser le premier bilan des pertes, on s'aperçoit que les Anglo-Hollandais dénombrent huit cents morts et cinq cents blessés dans leurs rangs, plus la perte d'un navire, tandis que les Franco-Espagnols comptent deux mille morts et neuf mille blessés !

Le lendemain même du combat, les Anglais essaient de plonger sur les épaves des galions, mais ils en sont empêchés par les canonnades des forts. Tous les navires n'ont pas eu le temps de se saborder, et sept navires de guerre français et six galions espagnols, chargés de six cents tonnes d'or et d'argent, sont capturés. Après quelques jours de repos, le 28 octobre, Rooke donne l'ordre du départ. Ayant reçu le renfort d'une escadre anglaise qui croisait au large des côtes espagnoles, l'un de ses vaisseaux de guerre, le *Monmouth*, est désigné pour remorquer un galion espagnol, le plus gros pris aux Espagnols, sur lequel est transférée la majeure partie du butin. Par malchance, alors que les deux navires sortent du goulet, le galion heurte un récif des îles Bayona et coule. Le nombre exact des navires captifs qui sont amenés à Londres ne nous est pas connu mais l'on sait que plusieurs galions ont coulé lors d'une violente tempête dans le golfe de Gascogne. On sait, en revanche, que l'or et l'argent de quatre des galions capturés sont déposés à la Tour de Londres et que leurs cargaisons représentent un million et demi de livres. Plusieurs médailles commémorent cette merveilleuse victoire.

À gauche : Débarquement des troupes anglaises sur la côte sud du goulet. Huile sur toile de Ludolf Bakhuizen, c. 1702.

Ci-dessus : Recherche des trésors espagnols engloutis dans la baie de Vigo au XIXe siècle.

Un immense trésor repose cependant au fond de la baie de Vigo, qui va enflammer, pour de nombreuses années, les imaginations. La plus riche flotte du monde a coulé, avec la plus grande partie de sa cargaison. La profondeur – de quinze à vingt mètres - où reposent les galions rend extrêmement difficiles les travaux de récupération. En effet, c'est une profondeur limite pour les plongeurs non entraînés, comme les pêcheurs de perles ou d'éponges.

Les Espagnols utilisent sûrement, peu de temps après la bataille, des cloches à plongeurs, technique qu'ils ont déjà expérimentée, mais la profondeur fait échouer toutes les tentatives, les unes après les autres.

Le gouvernement espagnol accepte alors d'accorder des concessions de recherche, mais il impose des conditions draconiennes : quatre-vingt-quinze pourcent du butin récupéré doit revenir à la Couronne.

En 1728, c'est un Français, Alexandre Goubert, qui obtient le premier une concession pour récupérer les trésors des galions. À l'aide de trois pontons, il commence par attacher vingt-quatre câbles, qu'il fait passer sous la coque du galion espagnol englouti *El Tojo*. Sa technique consiste, à marée basse, à faire tendre les câbles ; ainsi, lorsque la mer monte, les câbles tirent sur l'épave pour la dégager et, quand la mer redescend, on rattrape le léger « mou » qu'ils ont pris. Mais, il doit, malheureusement, se rendre rapidement à l'évidence : aucune richesse ne repose dans cette épave.

En 1766, un Anglais, William Evans, obtient à son tour une concession. Il plonge grâce à une cloche de son invention, inspirée de celle de l'astronome Halley. Installé à l'intérieur de la cloche, alimentée en air frais grâce à une pompe, Evans commence à récupérer de la vaisselle en argent. Mais on le prie brusquement de quitter les lieux. Un concurrent jaloux a usé d'un argument sentimental imparable : « On ne peut laisser un Anglais s'enrichir sur les ruines créées par ses compatriotes… ».

En 1825, les vieilles haines ont fini par s'atténuer et c'est un autre Britannique, Isaac Dickson, qui vient tenter sa chance à Vigo, à bord de son brick *Enterprise*. Il demande que la couronne espagnole augmente de cinq à vingt pourcent la part qui lui reviendrait et, à la surprise générale, il obtient satisfaction. Les choses se passent d'une façon tout à fait inattendue. Après avoir amassé une jolie fortune, Dickson décide d'un plan machiavélique : il fait enivrer les fonctionnaires préposés au contrôle, les dépose à terre comme autant de paquets, et prend le large… Quelque temps après, près de Perth, en Écosse, une somptueuse propriété surgit de terre et son propriétaire, Isaac Dickson, lui donne le nom évocateur de « Dollar House » !

Les fonctionnaires de Madrid doivent se mordre les doigts et, quand la société américaine International Submarine Company vient travailler sur les lieux, un navire de guerre est dépêché pour surveiller ses activités. Durant de nombreuses années, l'une des tâches de la marine de guerre espagnole consistera, d'ailleurs, à surveiller la baie de Vigo.

Un obstacle gêne considérablement les tentatives : deux petites rivières se jettent dans la baie, y apportant des tonnes de vase qui se sont accumulées au fil des siècles. Un jour, une épave est remontée intacte mais, au moment où elle crève la surface, la vieille carcasse se brise, et l'épave retombe en morceaux au fond de la baie.

Ci-dessous : Fouille des vestiges d'un galion espagnol, au fond de la baie de Vigo.

À droite : Couverture du roman de Jules Verne Vingt mille lieues sous les mers. Collection Hetzel (1870).

Les entrepreneurs ne s'avouent pas vaincus et, avant la fin du XIXe siècle, la société américaine revoit le jour sous le nom de Vigo Bay Treasure Company.
Puis c'est au tour d'un banquier français, Hippolyte Magen, de reprendre les rênes de ce projet, en utilisant le tout nouveau scaphandre Rouqayrol-Denayrouze, ainsi qu'une tourelle d'observation. Les travaux commencent en janvier 1870. Au bout de quelques semaines à peine, une dizaine d'épaves sont repérées sous la vase. Après avoir récupéré soixante kilos d'argent en barres, Magen est remplacé par un certain Étienne, qui essaie de rejoindre le chantier, en quittant Paris assiégé par les Prussiens en ballon dirigeable ! Malheureusement, il est fait prisonnier et le chantier s'arrête...

Après que Jules Verne eut immortalisé les trésors de Vigo dans son roman *Vingt mille lieues sous les mers*, c'est un Génois, Giuseppe Pino, qui reprend les recherches, au début du XXe siècle, à l'aide d'une machine appelée hydroscope, un large tube métallique s'ouvrant verticalement dans un flotteur et descendant à une chambre sous-marine équipée de hublots, de projecteurs et de bras articulés. En 1904, il obtient un « décret royal de concession ». Les exigences de l'État espagnol se sont considérablement restreintes au fil des ans, et les quatre-vingt-quinze pourcent exigés au XVIIIe siècle se sont transformées en seulement vingt pourcent au XXe siècle ! À l'aide d'énormes crocs, il arrive à soulever la carcasse d'un galion, mais cette dernière se révèle ne contenir que des détritus informes, sans doute des restes de cochenille, indigo, ambre gris et noir, coton, tabac, baumes et autres cacao et gingembre que les documents indiquaient avoir été embarqués à Cuba. La suite des fouilles permet, tout de même, de récupérer quelque butin : parmi de nombreuses ancres, des canons, boulets et câbles, on remonte quelques lingots d'or et de la vaisselle d'argent.
Après de nouvelles tentatives infructueuse, à la veille de la Seconde Guerre mondiale, par un Hollandais, Van de Vienen, et un Catalan, Moexas, c'est un ingénieur américain, John Potter, qui, grâce au scaphandre autonome nouvellement inventé, se lance, à son tour, dans la recherche.

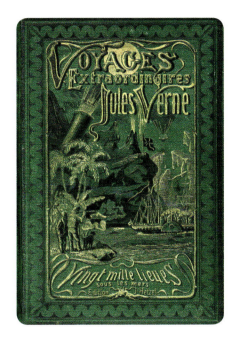

Le 22 août 1955, la société Atlantic Salvage Company Ltd., dont la direction technique est confiée à un Français, Florent Ramaugé, obtient une nouvelle concession. L'équipe, composée de trois plongeurs américains et du Belge Robert Sténuit (qui participait là à la première de ses nombreuses expéditions), fouille, sans plus de succès que ses prédécesseurs. Au printemps 1956, elle décide de jeter son dévolu sur l'épave du galion qui, remorqué par un navire anglais, a fait naufrage en sortant de la rade. L'équipe s'acharne durant les années 1957 et 1958 à rechercher les restes de l'épave, qui repose par trente mètres de fond, au pied d'un récif sans doute responsable du naufrage. Leur espoir tient à l'évaluation de la cargaison des quatre autres navires qui sont arrivés à Londres et qui se monte, en décembre 1702, à un million et demi de livres de l'époque, soit quelque un milliard deux cent millions d'euros. Mais, finalement, l'équipe abandonne le projet peu de temps après. Longtemps encore, l'or des galions de Vigo enflammera les imaginations...

Le *San José*

(1708)

C'est, sans conteste, le galion espagnol le plus riche de la zone Caraïbes.

À cause de la guerre de Succession d'Espagne, aucune cargaison précieuse n'a été envoyée par les Espagnols d'Amérique du Sud vers l'Espagne, et cela depuis le désastre de la baie de Vigo, six ans auparavant. Le 27 avril 1706, les deux flottes combinées de Terre Ferme et de Nouvelle-Espagne, représentant au total vingt-six navires, arrivent à Carthagène. C'est la première flotte venant d'Espagne depuis 1698 !

Peu de temps après, la flotte part pour Veracruz et les galions restent deux années à attendre les richesses du Pérou qui doivent être remontées par l'armada du Sud, le long de la côte occidentale de l'Amérique du Sud, et transportées à dos de mulets depuis Panamá jusqu'à Porto Bello.

Une flotte de dix-sept navires est préparée pour prendre en charge le trésor. Seuls quatre bâtiments sont suffisamment armés pour protéger les autres, et c'est sur ceux-là que sont chargés les vingt-deux millions de pesos en argent qui représentent (officiellement) le trésor. Il s'agit de la *capitana San José* de soixante-quatre canons, de l'*almiranta San Martin* de soixante-quatre canons, du galion *Gobierno* de quarante-quatre canons et d'une ourque non identifiée.

Il a été initialement prévu que la flotte soit protégée par une escadre française, sous le commandement de l'amiral Ducasse. Cette dernière tardant à arriver, le 28 mai 1708, la flotte fait voile depuis Porto Bello pour rejoindre Carthagène. Peu de temps après son départ, des observateurs postés à terre aperçoivent une flotte ennemie qui croise au large. Des coups de canon sont tirés et des signaux sont immédiatement envoyés à la flotte espagnole pour lui intimer l'ordre de rebrousser chemin. Malheureusement, poussée par un fort vent du nord, l'escadre anglaise commandée par le commodore Wager s'interpose, le 8 juin, entre elle et la côte et, très vite, une bataille navale s'engage. Les Espagnols décident de placer leurs quatre plus gros navires en première ligne afin de protéger les autres navires marchands. La bataille entre les quatre navires espagnols et les frégates anglaises commence dans la soirée et se prolonge jusque tard dans la nuit. Le commodore Wager commande le vaisseau *Expedition* de soixante-quatorze canons. Avec lui il y a également le *Kingston* de soixante canons, le *Portland* de cinquante canons et le *Vulture*, un brûlot.

À gauche : *Transport à dos de mulet du minerai d'or et d'argent, dans les années 1860 (gravure du XIXe siècle).*

Ci-dessous : *Portrait de Sir Charles Wager.*

Au plus fort de la bataille, et après seulement une heure et demie de combat, la sainte-barbe du *San José* est touchée par un boulet de canon anglais. Le navire explose et coule rapidement. Sur les six cents personnes qui sont à son bord, seuls onze rescapés parviennent à se sauver et sont récupérés par les Anglais. Ceux-ci capturent le *Gobierno*, après un engagement violent de quatre heures. L'ourque s'échoue sur la côte de la péninsule de Baru et son équipage y met volontairement le feu. Un pilote anglais, à bord du *Kingston*, propose de poursuivre l'*almiranta San Martin* afin de la capturer, mais son capitaine refuse la proposition. Il sera traduit par la suite en cour martiale et jugé. Le *San Martin* réussit seul à rejoindre sain et sauf Carthagène, avec son trésor de six millions de pesos.

Lorsque les Anglais pénètrent dans la soute du *Gobierno*, ils découvrent – seulement – treize coffres de pièces de huit, quatorze barres d'argent et quelques biens personnels. En effet, la plus grosse partie du trésor a été chargée à bord du *San José* et la perte de ce galion est durement ressentie par les Espagnols. Certains parlent d'une cargaison de cent seize coffres remplis d'émeraudes colombiennes et de sept à douze millions de pesos en or et en argent ; d'autres estiment le trésor à trente millions de pesos ! Il faut, bien entendu, ajouter à cette cargaison la contrebande – au moins cinquante pour cent du total –, ainsi que les joyaux du vice-roi du Pérou et les fortunes personnelles des trois cents dignitaires espagnols qui se trouvaient à bord.

Selon un rapport oculaire, le navire a coulé « au large de l'île Baru », entre l'île au Trésor et la péninsule de Baru. Le fond de la mer, dans cette zone, est irrégulier et atteint des profondeurs très variées (entre soixante et cent trente mètres).
Dès le lendemain du naufrage, les Espagnols tentent l'impossible pour retrouver l'épave, mais malheureusement, la profondeur les en empêche.

À partir des années 1960, plusieurs groupes américains et anglo-saxons tentent leur chance auprès du gouvernement colombien, en demandant un permis d'exploitation. C'est ainsi que l'on voit défiler des sociétés, comme Explorations Unlimited Inc., Seaborne Ventures, Sea Search Armada… Des diamantaires d'Anvers se mettent également sur les rangs et font des déclarations dans la presse, mais rien de concret ne se réalise…
Les grandes figures de la recherche d'épaves de l'époque font aussi le voyage à Bogota : Eugene Lyon et Mel Fisher, Bob Marx, les découvreurs du *Central America*, mais aucun ne parvient à ses fins…

La situation est aujourd'hui assez claire. En 1983 tout d'abord, le ministre colombien des Travaux publics a réussi à convaincre le président que cette épave doit demeurer « patrimoine de l'État colombien ». Ensuite, il y a l'inévitable pouvoir exercé par les narcotrafiquants qui rend toute exploitation de cette épave délicate. En effet, il y a trop d'argent en jeu et le cocktail drogue-trésor est empoisonné. Il faut espérer que la situation change un jour en Colombie et que l'Espagne ne revendique pas le trésor. Alors le plus fabuleux trésor englouti aux Amériques pourra enfin être récupéré !

À gauche : Explosion du San José. *Peinture de Samuel Scott (1702-1772).*

Ci-dessous : *Carte de Carthagène (XVIIIe siècle).*

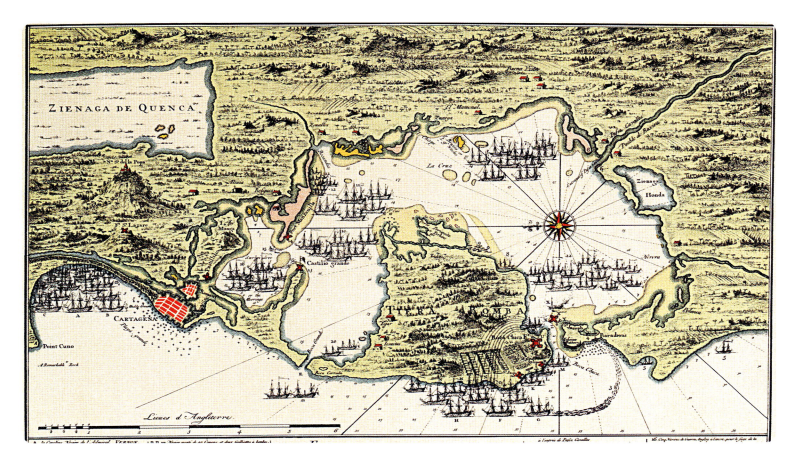

Les Caraques Portugaises

Les caraques sont construites hâtivement avec des matériaux peu solides et surchargées. Surpeuplées de passagers et insuffisamment approvisionnées en nourriture, elles font eau de toutes parts. La cargaison, trop lourde et mal répartie, les fait pencher tellement qu'il n'est pas rare qu'une caraque coule dans le port au moment du départ. Ainsi, on peut imaginer la proie facile qu'elles représentent face à la moindre tempête.

Combat opposant Portugais et Français, au large du Brésil. Gravure tirée de Histoire des Amériques *par Théodore de Bry (1592).*

Le *Flor do Mar*

(1511)

À la fin du XVe siècle, pendant que les Espagnols commencent à s'établir dans le Nouveau Monde, les Portugais étendent leur domination en Orient. Bartolomeu Dias a doublé le cap de Bonne-Espérance en 1488 et Vasco de Gama a atteint l'Inde dix ans plus tard.

Le 6 avril 1503, le capitaine-major Alphonse de Albuquerque quitte Lisbonne à la tête d'une flottille de quatre navires, avec comme mission de renforcer les possessions déjà aux mains de la couronne du Portugal. En avril 1506, il repart de Lisbonne à bord du *Cirne*.

Le 25 juillet 1511, Albuquerque, basé à Goa (Inde), attaque et prend la ville de Malacca (Malaisie). Cette victoire est remportée à la tête d'une armada de dix-huit voiles, montée par huit cents Portugais et deux cents Malabars. Une énorme quantité d'or en barres et en poudre est saisie. On ne peut charger à bord des navires tous les trésors que le sultan a abandonnés dans son palais. Une forteresse est construite et un établissement pour battre monnaie est créé. Albuquerque a atteint les objectifs qu'il s'était fixés et, à la tête d'une flottille de trois navires, décide de rentrer à Goa, laissant à Malacca une garnison de trois cents hommes.

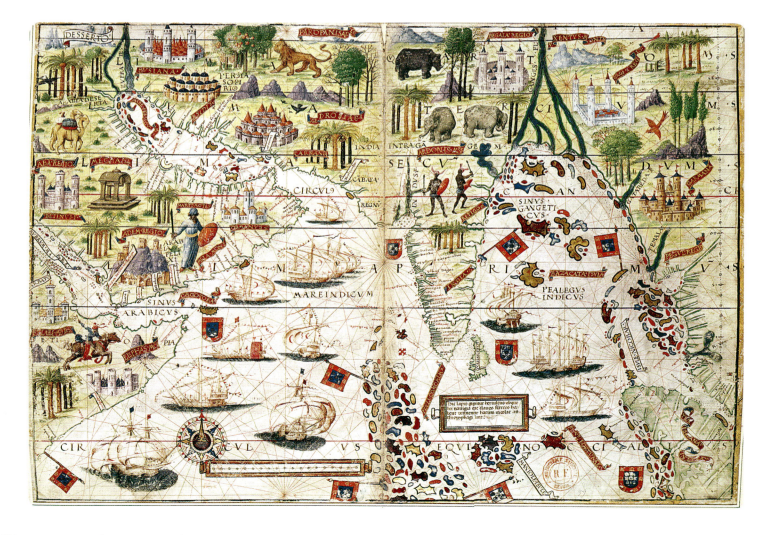

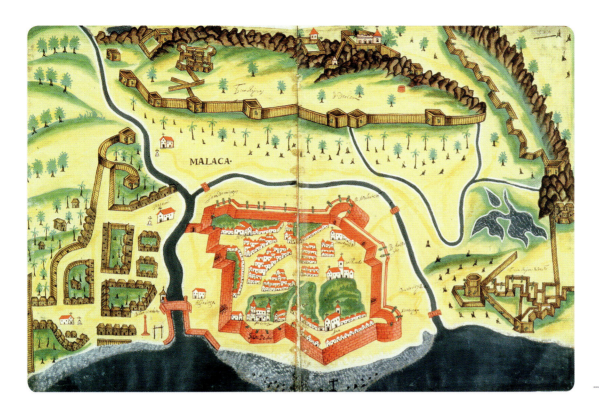

Son navire amiral, le *Flor do Mar*, a déjà huit ans de service et est considéré comme une antiquité. Alors qu'ils croisent au large de la côte nord-est de Sumatra, les trois navires sont pris dans une tempête. Le *Flor do Mar* jette l'ancre, mais il est drossé rapidement sur un récif. Déjà très usé, le navire se démantèle en quelques minutes et coule. Albuquerque a juste le temps de faire construire un radeau, où seuls les Européens blancs ont le droit de monter. Les Malais de l'équipage qui tentent de s'agripper au radeau sont repoussés sans pitié à l'aide de piques et d'épées. Albuquerque réussit à sortir indemne du naufrage, mais la plus grande partie de l'équipage et des passagers périt avec tous les fabuleux trésors pillés dans le palais de Malacca.

Le manifeste de la cargaison a été détruit en 1755, lors du tremblement de terre de Lisbonne. Néanmoins, on sait que le navire transportait dans ses cales vingt tonnes d'or, deux cents caisses de diamants et autres pierres précieuses ainsi que des bijoux, des palanquins plaqués d'or fin, une table avec des pieds en or massif et le trône de la reine de Malacca incrusté de pierres précieuses. Quatre lions en or massif aux yeux, dents et griffes sertis de pierres précieuses, qui trônaient jadis dans le palais du sultan, étaient aussi à bord.

Robert Marx, un chercheur de trésors américain, recherche avec obstination pendant des années l'épave du *Flor do Mar*, considérée par tous comme « l'épave la plus riche de tous les temps ».

À gauche, en haut : *Portrait de Alphonse de Albuquerque (1453-1515), conservé au musée national d'Art antique de Lisbonne.*

En bas : *L'océan Indien – Atlas Miller (1519). Cet atlas fut découvert en France au XIXe siècle. Il représente l'océan Indien, le golfe Persique, l'Inde et l'Afrique du Nord et fut créé immédiatement après les expéditions portugaises de Gama, Cabral, Coelho et Albuquerque.*

Ci-dessus : *Malacca, la colonie portugaise malaise également connue sous le nom de l'Île aux épices... (c. 1511)*

Ci-dessous : *Le* Flor do Mar, *reproduit dans le livre de Luis Albuquerque* Memoria das Armadas que de Portugal passaram à Índia.

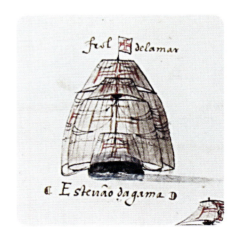

Les caraques portugaises

Malacca, Sumatra et Java in Atlas Miller.

En mai 1988, il annonce par communiqué de presse la trouvaille de l'épave. Le ministre de l'État de Malacca, M. Abdul Rahim, déclare dans une dépêche de l'AFP : « Nous voulons ce trésor à tout prix ! » Mais il n'y aura pas de suite.

En 1991, une société indonésienne, PT Jayatama, déclare à son tour avoir localisé l'épave, par trente-six mètres de fond, sous une épaisse couche de vase dure, non loin du récif de Tengah, au nord de Tanjong Jambuair. La société estime la valeur de la cargaison entre un et huit milliards de dollars et déclare avoir déjà dépensé plus de vingt millions de dollars dans l'opération. Seuls quelques vestiges ont aujourd'hui été remontés.
Mais l'opération se complique d'un grave différend qui oppose les gouvernements d'Indonésie et de Malaisie, le premier revendiquant la propriété de l'épave qui se trouve dans ses eaux territoriales et le second arguant que tous les objets à bord du navire, ayant été volés dans son pays, lui reviennent de droit. Affaire à suivre…

La *Cinque Chagas*

(1594)

Le 7 février 1493, lors de son premier voyage au Nouveau Monde, Christophe Colomb fait sur le chemin du retour une halte dans la petite île de Santa Maria, aux Açores. Sans le savoir, il vient d'inaugurer le rôle majeur que ces îles vont assumer, durant plusieurs siècles, sur le chemin de retour des flottes hispaniques. Escale de grande importance pour les galions espagnols, après leur traversée de l'Atlantique, elle le devient encore davantage, à partir de 1580, lorsque les deux royaumes d'Espagne et du Portugal sont réunis et que les caraques portugaises prennent également l'habitude de s'y arrêter, après leur long périple depuis les Indes orientales. Ces navires, usés par leur voyage, rejoignent là des galions escorteurs que l'on envoie à leur rencontre, pour les protéger des corsaires anglais, hollandais ou français qui patrouillent fréquemment dans les parages.

L'un des plus flamboyants corsaires anglais de la fin du règne de la reine Élisabeth Ire est George Clifford, troisième comte de Cumberland. Grand courtisan, il possède l'un des plus riches domaines du royaume. Malheureusement, il est très joueur et couvert de dettes. D'après la description de l'un de ses contemporains, il est « épris de courses de chevaux, de tournois, de matches de boules… tous ces sports coûteux dévorant son patrimoine ». Son amour de la patrie, et plus encore l'appât du gain, le poussent tout naturellement à faire la course aux ennemis de l'Angleterre.
Il finance une flotte qui va régulièrement se poster au large des Açores, guettant les riches navires espagnols et portugais rentrant au pays.

Ci-dessus : *Miniature à l'aquarelle représentant Sir George Clifford.*

Ci-contre : *La flotte de Pedro Alvares Cabral.*

Les caraques portugaises

Après cinq premières années guère concluantes, sa flotte capture en 1592 une caraque portugaise, la *Madre de Deus*, de mille six cents tonneaux. Lorsqu'on fait sauter les écoutilles, on y découvre des richesses considérables en provenance de l'Orient : des coffres pleins de pièces d'or et d'argent, de perles, d'ambre, de joyaux sertis de gros diamants, de fioles de précieux musc ainsi que des tapisseries de prix. Plus bas dans la cale, une cargaison d'une valeur encore supérieure : quatre cent vingt-cinq tonnes de poivre, quarante-cinq tonnes de clous de girofle, trois tonnes de noix de muscade, deux tonnes et demie de benjoin (substance aromatique utilisée en parfumerie) et quinze tonnes d'ébène, sans parler des milliers de porcelaines fines chinoises. Bien que les deux tiers de ce butin aient été pillés par les marins anglais avant leur arrivée à Dartmouth (Angleterre), sir John Hawkins, trésorier et contrôleur de la marine anglaise, estime à un demi-million de livres la valeur initiale de la cargaison, soit près de la moitié de l'encaisse totale du Trésor anglais.

Ci-dessous : *Carte des Açores in Theatrum Orbis Terrarum (1579).*

À droite : *Détail d'un globe terrestre : des navires français au large des Açores (1683).*

130   LES TRÉSORS SOUS-MARINS

Deux ans plus tard, en 1594, Cumberland, en association avec de riches marchands de Londres, arme une flottille composée de trois navires de trois cents tonneaux chacun et d'une petite pinasse. Le 13 juin, croisant au sud de l'île de Fayal (Açores), il aperçoit une grosse caraque portugaise qui revient des Indes orientales, la *Cinque Chagas*. Ce navire navigue sans escorte et, selon les témoignages, est si lourdement chargé que sa ligne de flottaison est très enfoncée dans l'eau. La cause en est qu'il transporte non seulement sa propre cargaison, mais aussi les marchandises, bijoux et objets de valeur des passagers de deux navires naufragés qu'il a recueillis sur la côte du Mozambique. La *Cinque Chagas* est dans un état pitoyable. Ayant été obligée d'hiverner à l'île de Mozambique, elle a ensuite essuyé une forte tempête en doublant le cap de Bonne-Espérance. Lors d'une escale en Angola pour embarquer quatre cents esclaves, elle a dû subir aussi bien les calmes et les moiteurs du pays que les maladies tropicales.

Conscient du danger qu'il fait courir à son bâtiment en faisant escale aux Açores, le capitaine de la *Cinque Chagas*, don Francisco de Mello, fait voter les passagers. Le résultat n'étant pas probant, il décide finalement de s'arrêter, pour ravitailler et soigner ses nombreux malades atteints de fièvres africaines. Il fait promettre à tous les marins et passagers de lutter jusqu'à la mort en cas d'attaque. Ses craintes sont malheureusement fondées.

Ayant aperçu le navire portugais en fin de journée, les Anglais l'escortent toute la nuit, l'encadrant de façon à ne pas laisser échapper leur proie. Au petit jour, l'attaque commence. Les trois navires essayent de l'accoster ensemble, mais la caraque résiste vaillamment, en se défendant à coups de canon et en manœuvrant habilement. À un moment, la *Cinque Chagas* prend même l'avantage de la bataille, en abordant l'un des assaillants et en lui causant de sérieuses avaries. Les deux autres navires anglais commencent à douter du succès final de leur entreprise. En effet, deux des capitaines anglais ont été blessés lors de l'affrontement et le troisième tué par un boulet qui lui a emporté les deux jambes. De plus, de nombreux marins sont hors de combat. Le capitaine Grant, bien que grièvement blessé, lance de nouveau son navire dans la bataille. Les deux autres navires anglais l'imitent et se lancent à l'abordage de la *Cinque Chagas*. Barricadés derrière des monticules de caisses et de sacs, les Portugais repoussent par deux fois la charge de leurs ennemis qui sont quand même parvenus à hisser un pavillon anglais à la place du pavillon portugais. Rejetés avec d'énormes pertes, les Anglais rembarquent sur leurs navires. C'est alors qu'ils décident de venir à bout de leur adversaire, en tirant sur lui des boulets chauffés au rouge. L'incendie gagne la mâture qui s'abat sur le pont, embrasant soudain tout le navire. La panique s'installe chez les passagers portugais qui, pour échapper aux flammes et à la fumée, n'ont d'autre recours que de sauter à la mer. Les Anglais s'approchent d'eux et les tuent sans pitié à coups de piques. Seuls treize passagers, qui agitent leurs poings pleins d'or et de bijoux, sont épargnés par les Anglais, qui espèrent demander une rançon contre leur liberté.

La *Cinque Chagas* brûle pendant toute la journée et la nuit suivante, sous les yeux des corsaires anglais impuissants. Dans la matinée du second jour, le feu atteint la sainte-barbe et le navire explose et sombre... avec toutes les richesses qu'il contient : une cargaison d'or, d'argent, de rubis, de diamants, de perles et d'épices encore supérieure à celle de la *Madre de Deus* et estimée à cinq cent cinquante mille livres. Les Anglais vont dénombrer dans leurs rangs une centaine de tués et cent cinquante blessés.

Cette épave n'a encore jamais été recherchée. Bien qu'ayant explosé, ce navire mériterait à lui seul une sérieuse campagne de localisation.

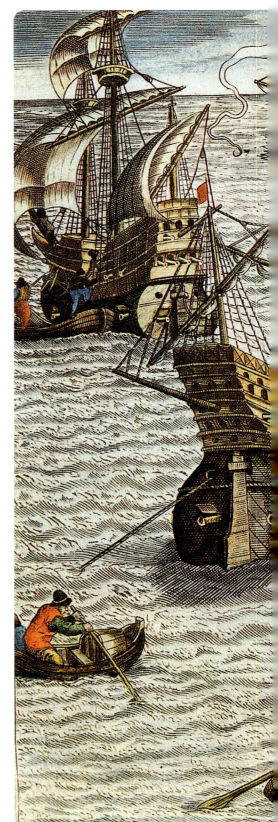

Port de Lisbonne, détail d'une miniature de Jacques Le Moyne de Morgues (1564).

Les caraques portugaises

Panneau de trente carreaux de Delft représentant une marine.

LES FLÛTES HOLLANDAISES

On a répertorié trois mille sept cent quarante-huit voyages effectués entre la Hollande et l'Extrême-Orient par des navires de la VOC, depuis sa création en 1602, jusqu'à sa faillite en 1795, ce qui fait une moyenne de presque vingt navires par an.

Le *Geldermalsen*

(1752)

Au rythme des moussons réglant les départs et les arrivées, les navires hollandais assurent un commerce florissant entre l'Asie et l'Europe. Le commerce de la VOC (Compagnie néerlandaise des Indes orientales) est cependant déséquilibré : en effet, l'Europe achète beaucoup plus de produits qu'elle n'en exporte en Asie. Les navires transportent au départ d'Europe de nombreux produits alimentaires pour les habitants des comptoirs : des draps de laine, du plomb, du cuivre… Au retour de Chine, les navires chargent d'énormes quantités de marchandises : des porcelaines, du thé, de l'argent échangé contre de l'or (profitant de la parité intéressante) et des textiles.

Ci-dessous : *Carte des Indes orientales.*

À droite : *Batavia (peinture de 1699).*

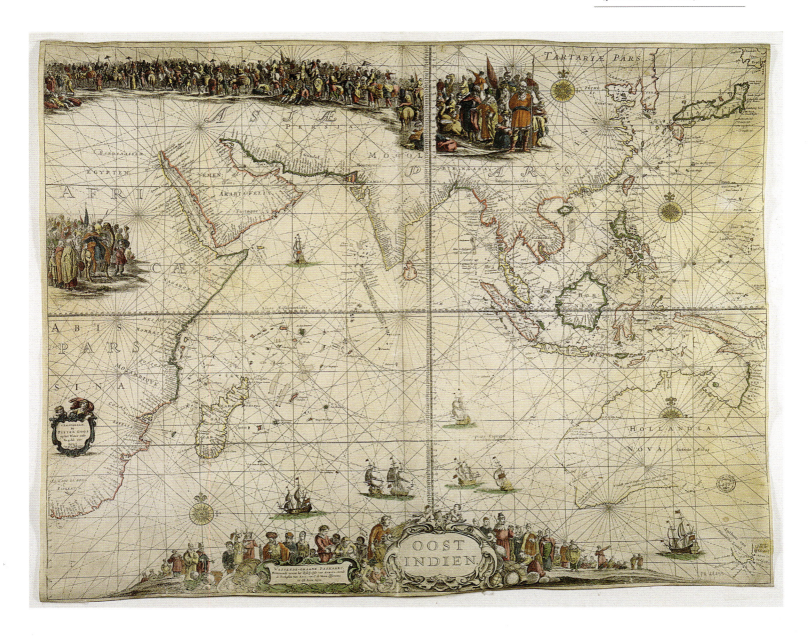

136 LES TRÉSORS SOUS-MARINS

La porcelaine, à cette époque, n'a plus la qualité de celle de la période Wanli (dynastie Ming). Ne représentant que cinq pour cent de la valeur totale de la cargaison, elle ne vise plus, comme auparavant, une clientèle aisée et difficile. La plupart des articles sont destinés aux Hollandais de la classe moyenne qui ont découvert le plaisir de boire dans des tasses plus fines que la faïence alors utilisée en Europe et qui passent commande de modèles types en fournissant les dessins désirés (ceux-ci représentent souvent des paysages hollandais, avec des moulins…).

La mode commence en Europe au début du XVIIe siècle, après la capture en 1604 par un navire hollandais de la caraque portugaise *Catarina*, de retour d'Orient, et son remorquage jusqu'à Amsterdam. À fond de cale, servant de lest, on découvre plusieurs tonnes de porcelaine chinoise. Faite d'une argile fine et blanche inconnue en Europe, cuite à environ mille trois cents degrés Celsius, dure et translucide, elle fait apparaître grossière la poterie alors utilisée et représente un véritable trésor aux yeux des Hollandais qui en deviennent rapidement très friands.

Les pièces de porcelaine sont emballées dans des caisses remplies de confettis en feuille de palmier sur lesquelles on entrepose le thé emballé dans des caisses en bois doublées de zinc que l'on arrime à coups de marteau pour les empêcher de bouger durant la traversée.

Durant tout le XVIIe siècle, les navires de la VOC partant de Chine font une escale obligatoire à Batavia (Jakarta), mais le rôle de ce port décline à partir du moment où les Anglais prennent l'habitude de venir s'approvisionner en thé directement dans les ports chinois. Les Hollandais suivent bientôt leurs traces et viennent charger leurs cargaisons de thé en Chine, abandonnant l'escale de Batavia où ils vendaient également de l'or acheté à Canton.

En juillet 1751, le *Geldermalsen*, navire de quarante-cinq mètres de long et âgé de cinq ans, arrive à Canton. Il y débarque sa cargaison composée de coton et d'étain et embarque, en échange, un grand nombre de caisses de thé noir et vert, des soieries, du gingembre, de la rhubarbe et quelque deux cent mille pièces de porcelaines chinoises ! Quand il appareille de Canton, le *Geldermalsen* a cent douze personnes à son bord.

Dans la soirée du 3 janvier 1752, il heurte un écueil appelé « roche de l'amiral Stellingwerf ». Après que son grand mât a été coupé, le navire parvient à se dégager péniblement du récif et reprend sa route tant bien que mal. Malheureusement, durant la nuit, la coque s'ouvre et le navire sombre, entraînant avec lui sa cargaison et les deux tiers des passagers et de l'équipage.

En 1985, la majeure partie de cette fabuleuse cargaison va être récupérée par Michael Hatcher, un aventurier dans la grande tradition. Né en 1940 dans une banlieue triste d'Angleterre, il devient orphelin et est envoyé à treize ans en Australie pour travailler dans une ferme. À vingt-cinq ans, il se met à vendre des barbecues et, avec ses économies, s'achète un voilier puis part à l'aventure. Il sillonne alors les côtes de Nouvelle-Guinée, la mer de Flores et la mer d'Arafura. En 1966, il décide de se consacrer uniquement à la plongée sous-marine. Il s'installe à Singapour et se lance dans la récupération d'épaves de la Seconde Guerre mondiale. Après avoir remonté une cargaison de plusieurs centaines de tonnes d'étain, le cours dépassant les quatorze mille dollars la tonne, Michael Hatcher est devenu riche… Mais au lieu de profiter d'une retraite anticipée, il choisit de poursuivre ses recherches d'épaves.

En 1981, il s'associe avec un ami financier de Singapour, Soo Hin Ong, et crée la société Singapore Marine Logistics. En juin 1983, Hatcher découvre au sonar les restes d'une jonque chinoise au large de la Malaisie. Il en récupère quelques assiettes et coupes. Prudent, il envoie un échantillonnage de quatre-vingts objets qui sont mis en vente à Amsterdam. C'est un échec. Nullement découragé, Hatcher remonte l'ensemble de la cargaison et, après une grande campagne de presse, organise, avec la collaboration de Christie's, trois ventes successives (mars 1984, juin 1984 et février 1985) qui ont un énorme succès. Le montant de la vente atteint près de cinq millions de dollars.

En 1985, il s'associe à un troisième partenaire, Max de Rham, spécialiste suisse de la navigation électronique. Ensemble, ils créent la société United Sub Sea Services Ltd., spécialisée dans la recherche d'épaves. L'historien hollandais Pieter Diebels lui fournit le dossier de l'épave du *Geldermalsen* et, pendant deux ans, il va, à bord de son navire de prospection mesurant vingt-huit mètres et équipé d'un matériel électronique impressionnant, le *Restless M*, sillonner la zone présumée du naufrage. Finalement, un de ses plongeurs trouve l'épave à dix milles de là. Les fouilles se déroulent du 1er mars à la fin de juillet 1985.

À gauche : Monogramme sur tissu de la Compagnie hollandaise des Indes Orientales.

Ci-contre : Assiettes de porcelaine chinoise (dynastie Qing).

Certains jours, ils remontent jusqu'à trois mille pièces. Le navire est définitivement identifié lorsque, trois semaines avant la fin des fouilles, des plongeurs remontent la cloche de bronze du navire et deux canons de la VOC.
La cargaison remontée est impressionnante : cent soixante mille pièces intactes de porcelaine de la dynastie Qing dont quarante mille bols à thé et soucoupes en porcelaine « bleu et blanc », cent soixante et onze services de table – dont l'un de trois cent quatre-vingts pièces pour cent quarante-quatre convives et un autre pour cent vingt convives –, cent vingt-cinq lingots d'or chinois estampillés de trois cent soixante-dix grammes environ, en forme de sabot, d'innombrables statuettes, des pots de chambre pour enfants…
Hatcher affrète un Boeing 747 pour transporter ses trouvailles en Hollande et promet dix pour cent de la valeur de ses trouvailles au gouvernement, en raison du droit que la couronne hollandaise possède encore sur la VOC.

La vente a lieu dans les locaux de Christie's Amsterdam, du 28 avril au 2 mai 1986, et connaît un succès considérable. Le rôle des médias l'aide considérablement : des vidéos circulent, des conférences de presse sont organisées dans plusieurs capitales européennes et à New York. Plus de cent vingt-cinq mille offres d'achat sont envoyées chez Christie's ! Des records tombent : un simple beurrier est adjugé pour cinquante mille francs ! Le premier des lingots d'or pour cinq cent dix mille francs, un canon de bronze pour deux cent dix mille francs…
Le service pour cent quarante-quatre convives est adjugé pour deux millions quatre cent trente-six mille francs et celui pour cent vingt convives pour un million neuf cent quatorze mille francs. Les cent vingt-cinq lingots sont vendus quatre à cinq fois leur valeur estimée. Aucun des cinq mille lots de la vente ne reste invendu. Au total, la vente rapporte à Hatcher et à ses associés la coquette somme de cent dix millions de francs ! Max de Rham rachète pour sa collection personnelle l'un des canons et Soo Hin Ong acquiert pour la somme de quarante-six mille dollars une assiette blanche très sobre à laquelle il s'est attaché.
Michael Hatcher est probablement retourné depuis sur « son » épave pour récupérer encore quelques restes : en effet, sur les cent quarante-huit lingots d'or enregistrés sur le manifeste, il n'en avait retrouvé que cent vingt-cinq…

À partir du XVIIIe siècle, le lest des navires anglais est composé de zinc fondu en lingots. Au-dessus, on entasse les caisses en bois renfermant les plats, les assiettes, les bols, les tasses et les soucoupes de porcelaine, empaquetés dans des confettis de feuilles de palmier. Par-dessus, on entrepose le thé emballé dans des caisses en bois doublées de zinc que l'on arrime à coups de masses pour les empêcher de bouger durant la traversée. Enfin, tout en haut, les soieries et les cotonnades qui calent les coffres contenant du mercure, du camphre, du gingembre, du sucre candi et des pierres précieuses.

Les Vaisseaux Anglais

Navire de la Compagnie anglaise des Indes orientales par Charles Brooking (années 1750).

Ci-contre :
Port de Trincomalee –
Ceylan (1850).

À droite : Carte
de Ceylan et de la côte
de Coromandel (1709).

Le *Grosvenor*

(1782)

Le 3 juin 1780, le *Grosvenor*, l'un des plus beaux fleurons de la Compagnie anglaise des Indes orientales, quitte le port de Portsmouth sous un soleil radieux. Son capitaine, John Coxon, doit le mener à Madras, en passant par Rio de Janeiro. Le navire est entièrement construit en chêne anglais, déplace sept cent vingt-neuf tonneaux pour une longueur de quarante-sept mètres et est armé de vingt-six canons. Depuis son lancement, en octobre 1770, il a déjà effectué quatre traversées aller et retour entre l'Angleterre et l'Extrême-Orient.
Le 3 juin 1782, deux ans après avoir quitté l'Angleterre, le *Grosvenor* lève l'ancre à Trincomalee, petit port de la côte orientale de Ceylan et cingle pour son voyage de retour vers la mère patrie. Le navire compte cent cinquante passagers, y compris les hommes d'équipage, dont une douzaine de hauts fonctionnaires européens de la Compagnie, un officier de la Royal Navy, deux officiers français prisonniers de guerre et plusieurs femmes accompagnées de leurs enfants.
Le navire vogue à pleine charge. Aujourd'hui encore, les opinions diffèrent sur la nature exacte de la cargaison. Le *Grosvenor*, outre son fret officiel, estimé à trois cent mille livres sterling de l'époque, transporte probablement de l'or, des pierres précieuses et des bijoux. En ce temps-là, de nombreuses fortunes appartenant à des maharadjahs ou à des princes sont passées dans les mains des forces coloniales anglaises, tels les gigantesques trésors du sultan Haïdar Ali Khan Bahadur, radjah de Mysore, et ceux de son fils Tippoo-Sahib qui ont disparu sans laisser de trace. De nombreux témoignages affirment que le *Grosvenor* transporte dans ses cales l'une des pièces de joaillerie les plus précieuses du monde, le « Trône aux paons », siège d'apparat du Grand Moghol. Jean-Baptiste Tavernier, baron d'Aubonne, a été le premier Européen à l'admirer en 1665. Il le décrit comme un trône d'or massif dont le métal repoussé représente des lions et des paons, le tout incrusté de pierres précieuses et de perles fines.

Le samedi 12 avril 1783, le journal *Felix Farley's Bristol* imprime la nouvelle suivante : « Le *Grosvenor*, qui n'est pas arrivé à l'escale de Sainte-Hélène, est aujourd'hui porté manquant. » C'est le premier écho du sort tragique que subirent le navire, son équipage et ses passagers lors de la plus épouvantable catastrophe maritime de cette époque.

À la fin de juin, le *Gentleman's Magazine* donne plus de détails : « Le *Grosvenor* a sombré au début du mois d'août de l'année dernière en vue des côtes de la province des Cafres par environ vingt-neuf degrés sud et à l'ouest de la ville du Cap. »

Quatre hommes d'équipage réussissent à joindre Le Cap après de nombreux mois d'une marche harassante et annoncent que quinze personnes se sont noyées lors du naufrage. La plupart des marins et passagers sont morts en chemin, d'épuisement et d'inanition.

Les vaisseaux anglais

Ce qu'il advint réellement, le monde ne va l'apprendre que beaucoup plus tard : le 2 août 1782, alors que le *Grosvenor* a dépassé Madagascar, le ciel se couvre et des rafales de vent très violentes malmènent le navire. Le brouillard se lève et il est impossible au capitaine Coxon de faire la moindre observation. Le vent se renforce au point qu'il faut larguer presque toutes les voiles. En procédant à cette manœuvre, les marins aperçoivent au loin deux grosses lueurs qui s'avèrent par la suite être des feux de brousse de la côte toute proche.

Vers une heure du matin, la tempête s'intensifie et le second donne l'ordre de changer de cap afin de ne pas être drossé à la côte, mais le capitaine annule cet ordre en affirmant avec véhémence qu'il n'y a aucun danger, le navire se trouvant à trois cents milles de la côte. À trois heures du matin, John Hines, un matelot irlandais qui est de quart, est le premier à signaler la côte à tribord, mais le second capitaine ne le croit pas. Une demi-heure plus tard, d'autres marins disent eux aussi avoir vu la terre à travers le brouillard. Mais ni le second ni le quartier-maître ne prennent la menace au sérieux.

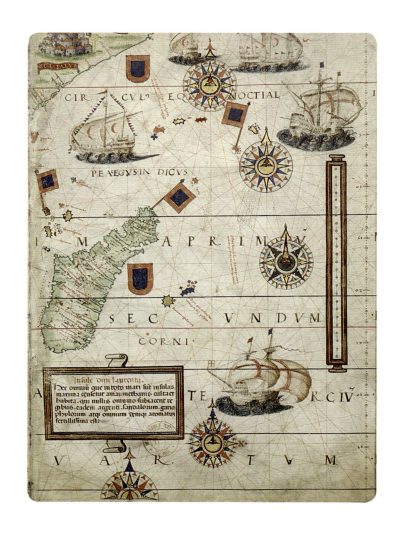

Conscient du danger imminent, le marin Lewis, contre toutes les règles, entre alors directement dans la cabine du capitaine. Celui-ci, une fois sur le pont, aperçoit de gigantesques lames de fond couronnées d'écume et hurle un ordre : « À bâbord toute ! » Le navire commence lentement à changer de cap lorsqu'on entend un craquement déchirant suivi d'un grincement prolongé. Le bateau est projeté contre un récif avec force. Les passagers affolés se cramponnent aux agrès du pont et aux rampes du bastingage. Soudain, une nouvelle lame soulève le navire dont la poupe reste accrochée au récif, la proue piquant dans la mer. Au petit jour, les naufragés distinguent des huttes sur le rivage. Les canots et le radeau de secours étant fracassés, trois hommes se mettent à l'eau pour tenter d'aller porter une corde de sauvetage à la côte. Malgré la mer démontée, deux d'entre eux réussissent à atteindre la rive et, avec l'aide des indigènes, fixent le câble autour d'un rocher. Plusieurs passagers parviennent jusqu'à la terre ferme, mais d'autres sont emportés par les flots déchaînés et projetés contre les rochers. Le navire s'étant scindé en deux, une énorme vague soulève la poupe et la transporte jusqu'à la côte où elle s'enlise en eaux peu profondes. Vers dix-sept heures, cent vingt-trois personnes, femmes, enfants et malades ont regagné le rivage.

C'est alors que va commencer une aventure dramatique pour les naufragés qui prennent le départ, le 7 août, pour rejoindre la colonie du Cap. Durant leur long périple, tenaillés par la faim et la soif et obligés de transporter en permanence des flambeaux, ils doivent affronter des tribus indigènes hostiles, traverser des fleuves et des déserts. Presque nus, atteints du scorbut et squelettiques, ils progressent malgré les lourdes pertes qu'ils subissent. Enfin, le 29 novembre, après plus de cent jours de marche épuisante, six survivants sont repérés par des chasseurs.

Ce n'est pas avant 1880 que l'on commence à parler du « trésor » du *Grosvenor*. En effet, une dépêche annonce que huit cents pièces d'or et d'argent ainsi que de multiples objets en or, en argent et en cuivre ont été récupérés par une expédition qui est passée par le lieu du naufrage.
En 1896, Alexandre Lindsay, un négociant qui a reçu en paiement des pièces provenant du naufrage, décide d'entreprendre une exploration et récupère trois cent cinquante pièces d'or, une sonde marine et un boulet de canon.
En 1900, Sidney Turner explore l'embouchure du Tezani et, en creusant, trouve de très nombreuses pièces de monnaie, une boucle de soulier en argent, des débris de cuillères et des boucles d'oreilles en argent, des balles de mousquet en plomb…
En 1905, Alexandre Lindsay reprend sa chasse au trésor. Associé à un Français, Henri de Malraison, il crée le Syndicat pour le recouvrement du *Grosvenor*. La société achète une grue pour déblayer près de deux mille tonnes de rochers, afin de rendre accessible le lit sablonneux de la baie.

À gauche, en haut : Naufrage du Grosvenor *(1782).*

En bas : Carte de Madagascar – Atlas Miller.

Ci-dessus : Des Africains aidant les naufragés du Grosvenor. *Peinture de John Raphael Smith d'après une œuvre originale de George Morland (1814).*

Les fouilles s'arrêtent en 1907. Bien que cette entreprise se soit soldée par un échec, elle est suivie par beaucoup d'autres.

La première est celle d'Henry S. Lyons, un journaliste de Johannesburg, qui fonde la Grosvenor Treasure Recovery Company. À bord d'une drague, il fait équiper un puissant tuyau d'aspiration pour dégager l'épave du sable dans lequel elle s'est enlisée. Mais une série de mésaventures, la mort d'un plongeur et le mauvais temps persistant forcent Lyons à abandonner le projet. Le seul butin récupéré consiste en quelques *star pagodas* (monnaies de la Compagnie des Indes orientales), quelques pièces de monnaie vénitiennes, des monnaies de cuivre, des débris de porcelaine, des carafes d'argent, une vieille monture de lunettes en corne, et treize canons, dont deux sont achetés par Cecil Rhodes, l'homme d'État sud-africain bien connu.

Un peu plus tard, M. L. Webster, un ingénieur de Johannesburg, fonde le Grosvenor Bullion Syndicate, qui réserve une part de quinze pour cent au gouvernement sud-africain sur tous les trésors retrouvés. L'actionnaire le plus célèbre de cette société est certainement sir Arthur Conan Doyle, l'écrivain anglais « père » de Sherlock Holmes, ce qui entraîne une ruée sur les actions. À partir de 1921, ils creusent un souterrain qui, depuis la côte, doit aboutir à l'emplacement présumé de l'épave. Malheureusement, en septembre 1923, les deux tiers du tunnel ayant été percé, celui-ci s'effondre et l'eau l'envahit aussitôt.

En 1925, un événement renforce la conviction des chercheurs. En effet, Johann Bock, un immigrant allemand, découvre, enfoui dans le sable près de l'embouchure de la Grande Rivière Kai, un sac contenant mille trente-huit diamants bruts ! On suppose que l'un des passagers du *Grosvenor* a réussi à se traîner jusqu'au bord du fleuve avec ce trésor.

En juin 1927, H. M. Pitcairn, un millionnaire américain de Chicago, rachète au Grosvenor Bullion Syndicate l'ensemble de son matériel et équipement, afin de reprendre les travaux. N'ayant obtenu aucun résultat appréciable, la tentative est abandonnée.

En août 1938, les frères Van Delde fondent à Pretoria la Grosvenor Salvage Company, en échange d'un versement de quinze pour cent des richesses récupérées au gouvernement anglais. Malheureusement, en juillet 1939, la tension diplomatique en Europe devient telle que l'opinion publique et les bailleurs de fonds se désintéressent de l'expédition. La guerre, qui éclate en septembre, met un terme définitif à son activité.

Au début de 1941, Frederick William Duckham, un ingénieur de la marine, obtient une licence d'exploitation pour sa société, la Grosvenor Salvage Company Duckham Ltd., mais les événements mondiaux ne lui permettent pas de commencer ses activités avant 1946. Malgré une campagne de presse spectaculaire, les travaux restent en attente jusqu'à l'automne 1949. Dès lors, et jusqu'en 1955, les travaux de recherche se déroulent presque sans interruption.

Le 28 juin 1953, le *Sunday Times* donne au public cette information sensationnelle : « Une partie du trésor du *Grosvenor* retrouvée. Le chargement d'un million de livres est localisé. Les plongeurs trouvent des barres d'argent. » Mais le plus gros du trésor se trouve toujours enfoui sous d'énormes masses de sable…

L'empereur moghol Shah Jahan sur le trône aux Paons (fin XVIIIe siècle).

Les vaisseaux anglais

Eau forte représentant Louis XIV accueillant, à Versailles, les ambassadeurs du roi de Siam (1er septembre 1686).

LES VAISSEAUX FRANÇAIS

Sur l'inventaire de vingt-sept pages de la cargaison, parmi les présents non périssables chargés dans les soixante caisses, on peut noter: « canons ouvragés, garnis d'argent », « aiguières, flacons, vases, coupes, services de table, figurines », « porcelaines de Chine et du Japon », « chaînes ouvragées en or »... Il y a aussi des coffres, des tables, des cabinets, des buffets, des vases de Chine en or et en argent, un service de table en or massif de plus de mille pièces offert par l'empereur du Japon au trône de Siam...

Le *Soleil d'Orient*

(1681)

Le *Soleil d'Orient* est probablement l'une des épaves de navires les plus intéressantes connues actuellement dans le monde. Elle est aussi, assurément, l'une des plus riches par sa très grande valeur historique, culturelle et archéologique. Véritable épave de roman pouvant captiver l'imagination des esprits les plus blasés, elle repose toujours au fond des mers, attendant ses futurs découvreurs.

La Compagnie française des Indes orientales est créée par Colbert en 1664 et son pouvoir fait que d'importants privilèges lui sont accordés pour une durée de cinquante ans. Elle a, entre autres, le monopole de la navigation et du commerce dans les Indes orientales et la propriété de tous les territoires qu'elle occupe. Afin d'asseoir la position de la France en Orient, Louis XIV envoie, dès la création de la Compagnie, des ambassadeurs au shah de Perse et au Grand Moghol, les tentatives d'installation d'ambassades à Madagascar s'étant soldées par un échec.

Des comptoirs ayant été créés à Surate ainsi qu'au Bengale et à Ceylan, le navire le *Vautour* est envoyé en 1680 pour établir un comptoir au Siam (Thaïlande). À cette époque, Juthia, capitale du Siam, est réputée dans tout l'Extrême-Orient pour la richesse et la beauté de ses monuments et pour l'activité de son commerce. Le roi Phra-Naraï, qui règne alors sur ce pays, accueille avec chaleur l'agent de la Compagnie et favorise le nouvel établissement, en lui accordant nombre de privilèges. Phra-Naraï a une grande admiration pour Louis XIV – qu'il appelle son « cousin » – et décide d'envoyer une ambassade en France avec de nombreux présents. Pour ce faire, il affrète un navire de la Compagnie française des Indes. Il fait appeler ses scribes royaux et leur dicte des lettres pour le roi Louis XIV ainsi que pour le pape. Ces lettres sont gravées sur des lames d'or battu mesurant quarante-six centimètres de long et deux centimètres de large. Elles sont roulées et enfermées dans des étuis : celui destiné à la lettre pour le roi de France est en or massif, lui-même enfermé dans un coffret de brocart rouge de Chine ; celui destiné à la lettre pour le pape est en bois de santal, lui-même enfermé dans un coffret couvert de brocart bleu.

L'ambassadeur de Siam et ses deux adjoints, portant de hauts chapeaux pointus et fumant en permanence, avec une suite de vingt valets, accompagnent soixante caisses de présents pour le roi, le pape et les grands du royaume de France.

Le 24 décembre 1680, ils embarquent sur le *Vautour* qui prend la mer. La cargaison est constituée de différentes marchandises provenant des Indes orientales, mais surtout d'une quantité importante de présents inestimables que les trois ambassadeurs du Siam apportent pour le roi, la reine, le dauphin, la dauphine, Monsieur, frère du roi, le duc de Bourgogne, Colbert, chef de la Compagnie royale des Indes, M. Berryer, directeur général de cette Compagnie et pour d'autres nobles ainsi que pour le pape et la cour de Rome.

Ci-dessus : Route maritime du Siam jusqu'en France.

À droite : Maquette du Soleil d'Orient.

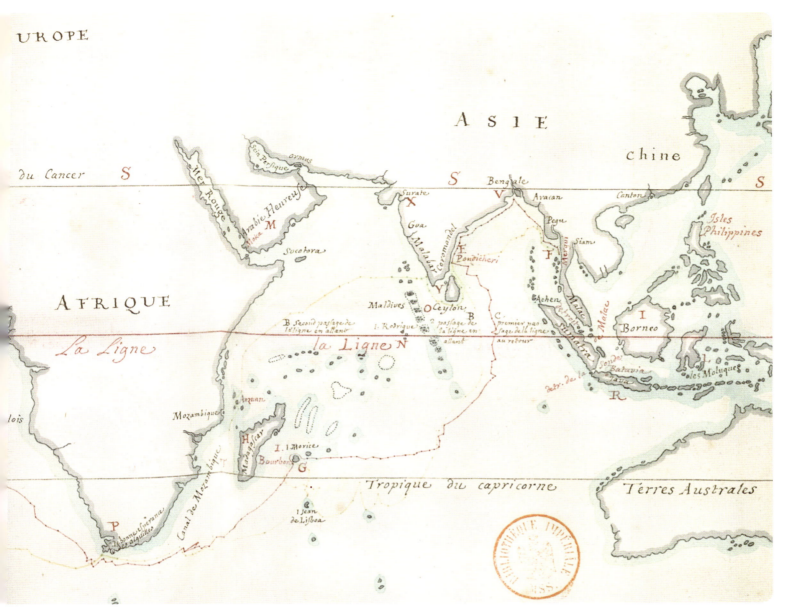

Sur l'inventaire de vingt-sept pages de la cargaison, parmi les présents non périssables chargés dans les soixante caisses, on peut noter :
– « canons ouvragés, garnis d'argent »,
– « aiguières, flacons, vases, coupes, services de table, figurines »,
– « porcelaines de Chine et du Japon,
– « chaînes ouvragées en or »…
Il y a aussi des coffres, des tables, des cabinets, des buffets, des vases de Chine en or et en argent, un service de table en or massif de plus de mille pièces offert par l'empereur du Japon au trône de Siam…

Le 10 janvier 1681, le navire arrive à Bantam (Indonésie) où la Compagnie possède un établissement. Cette première partie du voyage est très pénible pour l'équipage et les passagers : en effet, le *Vautour* est encombré par la grande quantité de présents (dont deux jeunes éléphants revêtus d'une couverture ornée de pierres précieuses) et par le nombreux personnel de l'ambassade.

Les vaisseaux français

Il est donc impensable d'entreprendre la longue traversée vers l'Europe avec un navire aussi chargé. Après plusieurs mois de séjour à Bantam, l'ambassade décide d'affréter un autre navire plus grand et son choix se fixe sur le *Soleil d'Orient*, vaisseau de mille tonneaux, armé de soixante canons, de la Compagnie française des Indes.

Le *Soleil d'Orient* est l'un des plus majestueux vaisseaux jamais construits par la compagnie. Il a donné successivement son nom au chantier puis à la ville de Lorient où il a été construit.

Le roi de Bantam remet également aux ambassadeurs des lettres et plusieurs centaines de diamants pour le roi Louis XIV et les directeurs de la Compagnie. La cargaison est, en outre, complétée avec des épices et différents autres produits résultant du commerce effectué depuis plus d'un an en Extrême-Orient.

Le 16 septembre 1681, le *Soleil d'Orient*, commandé par le capitaine de Boispéan, part de Bantam, emportant dans ses flancs l'une des plus riches cargaisons jamais transportée sur les mers. Le 1er octobre de la même année, il fait escale à l'île Bourbon (La Réunion) pour s'approvisionner en vivres et en eau potable et faire réparer sa coque qui présente des fuites importantes. Un mois plus tard, il repart vers l'Europe... On reste longtemps sans nouvelles. On va apprendre bien plus tard qu'il a fait escale, en novembre 1681, à Fort-Dauphin (sud-est de Madagascar) et s'est perdu, corps et biens, après une courte escale, lors d'une violente tempête, au large d'Itapere, à quatre lieues de Fort-Dauphin.

Ci-dessus : *Portrait de l'ambassadeur du roi de Siam. Gravure du XVIIe siècle.*

À droite : *Les ambassadeurs du Siam à la cour de Louis XIV en 1686.*

Sans nouvelle de cette première ambassade, le roi Phra Naraï envoie, le 22 décembre 1685, une seconde ambassade, composée de deux ambassadeurs, huit mandarins, quatre secrétaires et vingt valets, qui part du Siam et arrive, saine et sauve, le 18 juin 1686, à Brest.

Tout au long de leur parcours vers la capitale, abasourdie par la splendeur des présents, la population réserve aux ambassadeurs siamois un accueil et des honneurs sans précédent. Ils sont fêtés dans toutes les villes où ils font étape, depuis la Bretagne jusqu'à Paris, où ils font une entrée solennelle le 1er août et sont logés à l'hôtel des Ambassadeurs Extraordinaires, rue de Tournon. Le 1er septembre, Louis XIV les reçoit à Versailles, avec tout le faste qu'il sait déployer en toute chose et plus encore en pareille occasion exceptionnelle. Il accueille les ambassadeurs et leurs cadeaux somptueux en présence de toute la Cour, entouré des plus grands seigneurs, assis sur un trône surélevé et placé à une extrémité de la galerie des Glaces, alors tout récemment aménagée...

En 1984, Robert Sténuit s'attaque à cette épave qu'il appelle «l'Everest de l'archéologie sous-marine». Obstinément, il cherche l'épave durant de longs mois… mais doit se résoudre à abandonner les recherches. Cette épave, «affolante et richissime en trésors d'art inestimables», d'après ses propres termes, reste introuvable.

En janvier 1996, un autre chercheur de trésors sous-marins, le Suédois Sverker Hallström, tente de localiser l'épave du *Soleil d'Orient*, en collaboration avec un groupe américain, le Remote Viewing Group, spécialisé dans la perception extra-sensorielle et qui pense avoir détecté le site de l'épave. Durant neuf jours, ils cherchent désespérément à localiser ce site, mais en vain…

Le 29 avril 1996, Hallström revient sur les lieux, armé d'une autorisation de fouilles accordée en bonne et due forme par le gouvernement malgache. Mais le 28 mai de la même année, il doit se rendre à l'évidence: l'épave ne se trouve pas dans la large zone qu'il a prospectée. Il décide alors de quitter le site et rentre à Durban (Afrique du Sud).

L'épave du *Soleil d'Orient* repose encore aujourd'hui sous les flots, attendant celui qui saura la débusquer…

AMBASSADEURS DE SIAM

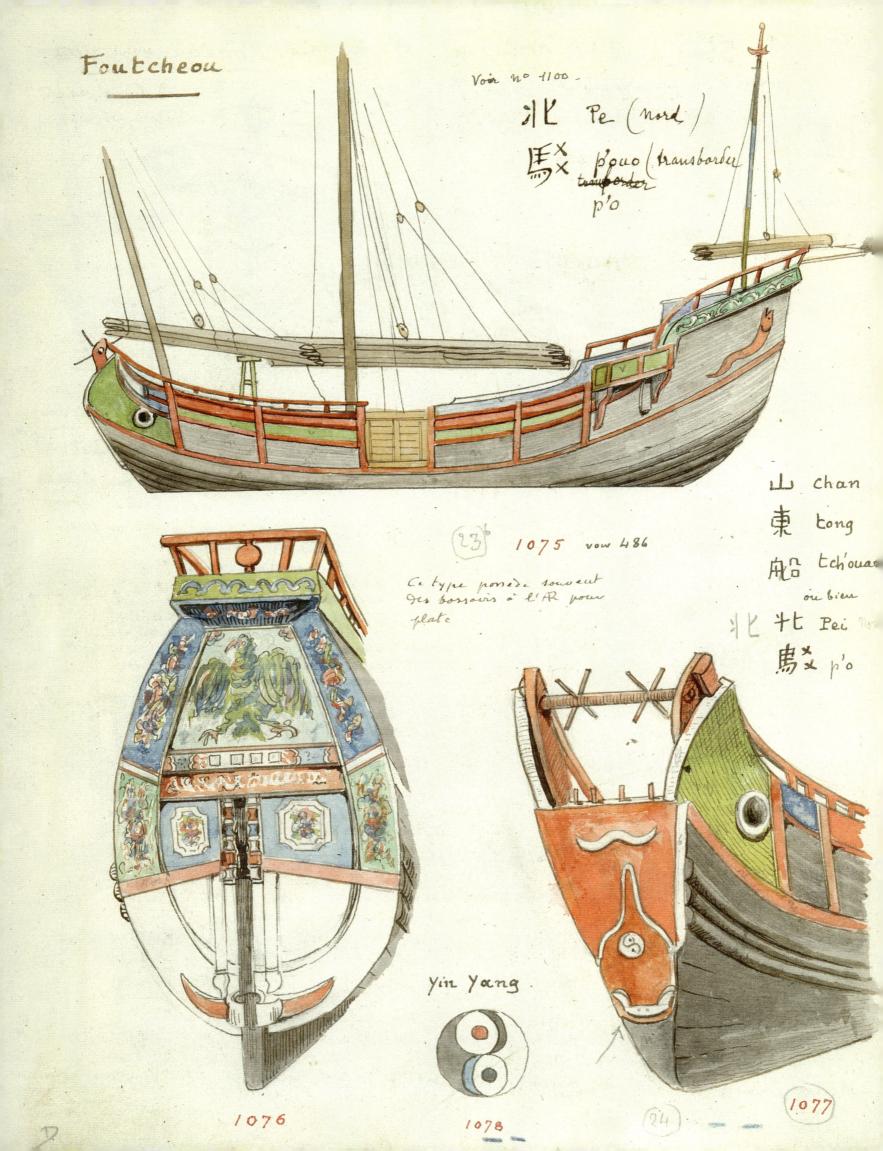

LES JONQUES CHINOISES

Durant plus de mille ans, des jonques ont sillonné les mers du sud-est asiatique, suivant les routes traditionnelles, le long des côtes, de la Chine vers le Vietnam, le Siam, la Malaisie, Sumatra, Java et les îles Moluques.

Les jonques chinoises du commandant Louis-Théophile Audemard (c. 1913).

Le *Vung Tao*

(1690)

En 1690, cela fait déjà soixante-dix ans que Batavia – aujourd'hui Jakarta –, fondée par les Hollandais, est devenue le principal comptoir commercial de Java. L'Europe est alors sous l'influence de la « chinamania » et des quantités croissantes de porcelaines transitent par le port de Batavia pour y être ensuite acheminées vers la Hollande sur les vaisseaux de la puissante VOC.

La porcelaine « bleu et blanc » et la porcelaine « blanc de Chine » constituent la plus importante, mais aussi la plus précieuse partie des cargaisons. Ces porcelaines sont pour la plupart destinées à la décoration de riches intérieurs européens.

Les manufactures de Fowliang ont juste repris leur production vers 1680, après des décennies d'interruption, suite à l'invasion mandchoue par le nord de l'empire des Ming.

Ci-dessus: *Batavia, la plus importante escale de la VOC (Vereenigde Oost-Indische Compagnie). Tableau de 1656.*

Ci-dessous: *Les étapes de la fabrication de la porcelaine – XVIIIe siècle – Dynastie Qing (1644-1912).*

À droite: *Jonque chinoise.*

Les « bleu et blanc » sont alors au cœur de leur période de transition, qui marque l'apparition de formes et de décors nouveaux. Alors que les « bleu et blanc » de l'époque Ming figuraient surtout des fleurs, des oiseaux, des canards, des papillons et des criquets dans des poses pleines de vie, avec des dessins présentant un relief et une profondeur remarquables (effet saisissant dû à l'absorption d'une partie de la peinture par la pâte), les « bleu et blanc » de cette époque sont décorés de scènes de romans, de paysages de canaux hollandais et d'objets emblématiques dans un foisonnement de fleurs, nuages, poissons, rinceaux et palmettes. Les pièces les plus prisées sont celles dont les formes s'inspirent directement de la verrerie et de l'argenterie européennes. L'influence européenne est tellement importante sur les porcelaines de cette époque, dans leur dessin et dans leur forme, que certains vases, par exemple, ont la forme exacte des pignons qui surmontent les maisons au bord des canaux hollandais.

Vers 1690, au large de la petite île de Hon Bay Canh, l'une des îles de l'archipel de Con Dao, situé à cent milles de Vung Tau, au sud du Vietnam, un étrange navire – mi-jonque chinoise, mi-lorcha portugaise, de trente-trois mètres de long sur dix mètres de large – prend feu pour une raison inconnue et coule avec à son bord une cargaison de plusieurs milliers de porcelaines chinoises.

En 1980, un pêcheur vietnamien pense avoir trouvé un bon coin de pêche sur un récif de corail à six milles au sud-est de l'île de Hon Bay Canh. Revenant souvent sur le site où il fait des pêches miraculeuses, il remonte un jour un morceau de fer et des fragments de porcelaines. Se rendant alors compte qu'il pêche sur une épave, laquelle attire quantité de poissons, il plonge et remonte nombre de porcelaines qu'il s'empresse de vendre à un antiquaire vietnamien très intéressé. Ce dernier commence à inonder les boutiques de Hô Chi Minh-Ville, Singapour et Hong Kong de magnifiques porcelaines « bleu et blanc ». Les autorités vietnamiennes ont vite fait d'être au courant de ce marché illicite et c'est à la société de travaux sous-marins de l'État, la Vietnam Salvage Corporation, que revient la mission de récupérer la cargaison de cette épave.

Après plusieurs mois de recherches infructueuses, les autorités décident de confier cette tâche à une compagnie de sauvetage d'épaves dirigée par Sverker Hallström, chercheur de trésors sous-marins suédois installé à Singapour, qui attaque la fouille à l'automne 1990. Quelques pièces de monnaie du règne de l'empereur chinois Kangxi (1662-1722) et un petit pinceau à écrire portant en relief l'inscription 1690 retrouvés sur l'épave permettent de dater celle-ci précisément.

Ce sont vingt-huit mille porcelaines (gobelets, théières, pots à moutarde, boîtes à pilules, coupes à thé, bols à potage) qui sont vendues chez Christie's en avril 1992 pour plus de quarante millions de francs. Les prix varient de deux mille cinq cent quatre-vingt-sept francs pour le premier prix jusqu'à une série de cinq vases attribués à trois cent soixante-dix-neuf mille cinq cents francs (le record). Six tasses de forme hexagonale avec leur couvercle sont vendues pour sept mille neuf cent cinquante francs, une série de treize petits vases pour quatre-vingt-treize mille cent cinquante francs, et un grand vase pour cent dix mille quatre cents francs.

En plus de ces porcelaines, on a retrouvé dans l'épave une importante quantité d'objets utilitaires : poteries en grès et en argile, cassolettes, tuiles de dallage, boutons de laiton, brucelles, peignes à épouiller en bambou, petits coffrets en cuivre, pièces de jeu d'échecs, dés, encriers…

Porcelaines découvertes sur le Vung Tao.

Le *Tek Sing*

(1822)

En janvier 1822, une grosse jonque de cinquante mètres de long et dix mètres de large, jaugeant mille tonneaux, quitte le port d'Amoy (Xiamen) en Chine pour se rendre à Batavia, dans l'île de Java. Sur sa poupe est inscrit le nom *Tek Sing* (Étoile véritable).

Cela fait des centaines d'années que des jonques naviguent depuis la Chine vers le Vietnam, la Thaïlande, Bornéo, l'Inde, Java, les Philippines, la Corée et le Japon. Mais depuis l'arrivée des Européens au XVIe siècle, elles croisent de plus en plus souvent sur leur route des navires européens, et même américains, qui commercent avec Canton.

En général, les jonques voyagent en convois de quatre ou cinq bâtiments. Cette fois-là, le *Tek Sing* part seul. Dans ses flancs est entreposée une cargaison extraordinaire qu'une multitude de sampans ont acheminée durant des jours entiers depuis le quai. À fond de cale on trouve, bien arrimées, des caisses de porcelaine « bleu et blanc », du céladon et du « blanc de Chine », des théières, des assiettes, des coupes, des plats, des bols, des jarres, des pots, des cuillères, des lampes à huile, des figurines, des statuettes, etc. Une grande partie de cette porcelaine est constituée non pas de production récente mais de pièces de collection des XVIIe et XVIIIe siècles destinées aux connaisseurs. Par-dessus la porcelaine sont stockées différentes sortes de thés noirs et verts. Ensuite sont placés les soieries et par-dessus encore des objets décoratifs, meubles laqués ou en bambou, papiers, encres, cochenille, perles de verre, carapaces de tortues, nacre, encens, benjoin, myrrhe, camphre, anis, ginseng, musc…

À bord, on a embarqué mille six cents passagers et deux cents membres d'équipage. Parmi les passagers se trouvent des marchands et des étudiants, mais la majeure partie se compose d'émigrants qui partent se faire embaucher comme main-d'œuvre dans les champs de canne à sucre de Java. Des sociétés de commerce internationales, pour qui l'opium est une marchandise légale, ont introduit en fraude cette drogue en Chine où elle est interdite. Cela va rapidement entraîner, pour le peuple chinois, une dépendance à ce produit et un écoulement important de capitaux. D'où la décadence de l'économie chinoise, qui conduira à une émigration de masse.

Le *Tek Sing*, afin sûrement de gagner du temps, prend un raccourci qui, malheureusement, est semé d'embûches. Après avoir heurté un récif, il coule en moins d'une heure. Quelque mille six cents personnes vont périr – plus que dans le naufrage du *Titanic* !

Au total, environ cinq mille clients participent à la vente aux enchères : quatre mille d'entre eux envoient leurs offres par écrit et environ trois cents par téléphone. Le lot le plus cher – mille saucières « bleu et blanc » décorées d'un phénix –, est adjugé pour quatre mille deutsche marks (environ deux mille euros). Le lot le meilleur marché – six cuillères marron – est adjugé pour seulement vingt deutsche marks.

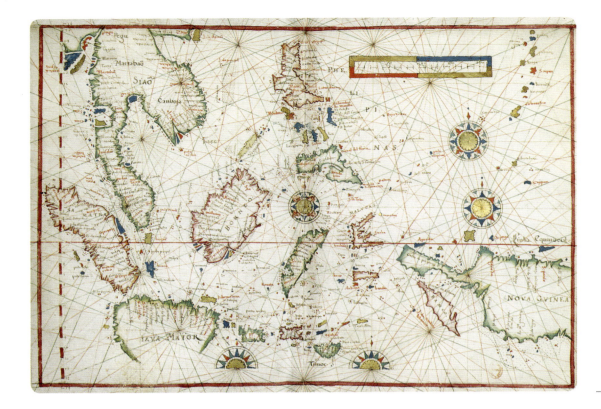

Ci-contre : Carte représentant le Cambodge, Java, Bornéo et la Nouvelle Guinée, in Atlas dit de la Duchesse de Berry *(XVIIe siècle)*

Ci-dessous : Jonque marchande. École chinoise, XIXe siècle.

Une petite jonque naviguant dans les parages parvient à sauver dix-huit personnes, mais son capitaine ne veut pas en prendre davantage à son bord, par peur d'être submergé. Deux jours plus tard, le navire anglais *Indiana* réussit, dans des conditions périlleuses, à sauver encore cent quatre-vingts naufragés. Mais l'héroïsme de son capitaine causa sa ruine : du fait de son retard, il ne put vendre à temps sa cargaison d'opium à Bornéo.

En mai 1999, Michael Hatcher, déjà connu pour avoir trouvé, en 1985, l'épave du *Geldermalsen*, croise à bord de son navire de recherche, le *Restless M*, dans le détroit de Gelasa, entre l'île de Bangka et l'île de Belitung. Depuis des mois, il quadrille cette zone des eaux indonésiennes avec sonar et magnétomètre. Sans succès…

Les seuls indices historiques qu'il possède sont qu'une « grosse jonque chinoise a coulé au début du XIXe siècle dans les parages et qu'il y a eu de très nombreux naufragés ». Chaque jour de recherche lui coûte dix mille dollars et il a trente hommes à bord à nourrir. Alors qu'il se trouve presque à court d'argent, il se donne encore deux jours avant d'arrêter sa campagne de recherche. Mais le destin veille…

Le 12 mai 1999, le sonar relève soudain une irrégularité au fond de la mer. C'est peut-être tout simplement un pâté de corail. Que risque-t-il à aller vérifier ? Aussitôt, des plongeurs se mettent à l'eau et, à trente mètres de profondeur, ils découvrent un monticule qu'ils prennent d'abord pour un rocher. Il mesure quatre mètres de haut, dix mètres de large et quarante mètres de long. Après une inspection plus approfondie, les plongeurs médusés réalisent qu'ils se trouvent en face non pas d'un rocher, mais d'un énorme amoncellement d'assiettes, coupes, tasses, bols, bases et figurines en porcelaine…

Michael Hatcher s'empresse de remonter ces incroyables vestiges. En tout, trois cent cinquante mille pièces de porcelaine peuvent être récupérées. Presque toutes les pièces viennent du sud de la Chine et la plupart sont en excellent état. D'autres vestiges, comme des sextants, des montres de poche, des canons ou des pièces de monnaie, sont également trouvés. C'est la plus grosse découverte de jonque jamais réalisée et les trouvailles réservent chaque jour des surprises extraordinaires… Les vestiges sont stockés dans des containers et envoyés le plus vite possible à Singapour puis à Adelaïde, en Australie, pour être par la suite réexportés vers l'Europe.

Un accord est passé avec une grande maison de ventes aux enchères allemande, Nagel Auktionen, qui accepte de préparer une exposition dans la gare centrale de Stuttgart et de faire fabriquer une imitation grossière de jonque destinée à être installée au centre de l'exposition. Cette dernière peut accueillir trente mille visiteurs, avant que soit organisée une grande vente aux enchères, entre le 17 et le 25 novembre 2000. En raison du type et du nombre important d'objets, les prix sont assez abordables. Avant cette mémorable vente aux enchères, une sélection de douze mille pièces voyage dans une exposition itinérante qui passe par les villes de Singapour, New York, Vérone, Paris et Londres. Un site spécial sur Internet est créé pour informer le public du projet et pour permettre aux internautes d'enchérir lors de la vente aux enchères. Un accord autorisant la vente aux enchères des vestiges récupérés sur le *Tek Sing* est signé le 8 novembre 2000 entre la société de Michael Hatcher, United Sub Sea Services Ltd., et le gouvernement indonésien, ce dernier devant recevoir une part significative des profits.
La vente – qui dure huit jours – est un énorme succès : tous les vestiges, répartis en seize mille cent lots différents, incluant les trois cent cinquante mille pièces de porcelaines, trouvent acquéreurs. Un record mondial !
Les dirigeants de Nagel Auktionen sont étonnés par le nombre impressionnant de commandes passées par les internautes qui se concentrent surtout sur les petits lots à bas prix… En effet, cinq cents offres, représentant treize pour cent du chiffre d'affaires total, passent par Internet. Les offres émanent du monde entier : de Taïwan, de Hong Kong, de Singapour, du Japon et même d'Ouzbékistan, mais la majorité viennent d'Allemagne, de Grande-Bretagne et des États-Unis. Au total, environ cinq mille clients participent à la vente aux enchères : quatre mille d'entre eux envoient leurs offres par écrit et environ trois cents par téléphone. Le lot le plus cher – mille saucières « bleu et blanc » décorées d'un phénix –, est adjugé pour quatre mille deutsche marks (environ deux mille euros). Le lot le meilleur marché – six cuillères marron – est adjugé pour seulement vingt deutsche marks (dix euros). Aux derniers jours de la vente, il y a une demande frénétique pour des cuillères chinoises ; plusieurs lots de six cuillères sont adjugés pour le prix inouï de mille deutsche marks (environ cinq cents euros) pièce !
Le produit total de la vente s'élève à vingt-deux millions quatre cent mille deutsche marks (onze millions deux cent mille euros).

LES NAVIRES AMÉRICAINS

À la fin de septembre 1989, trois tonnes d'or ont été arrachées du fond de la mer. Le chargement récupéré est estimé à quatre cent cinquante millions de dollars et les pièces de monnaie, qui venaient d'être frappées d'un motif où figuraient deux aigles, sont évaluées à environ huit mille dollars chacune ! Il y a aussi des pièces spécialement frappées pour les chercheurs d'or, et avidement recherchées aujourd'hui par les collectionneurs ainsi que plus de sept mille pièces provenant de l'Hôtel de la Monnaie de San Francisco, dont la production n'a commencé qu'en 1854.

Page de titre de An Account of California and the Wonderful Gold Regions, *J.-B. Hall (1849).*

AN ACCOUNT OF

CALIFORNIA,

AND THE

WONDERFUL GOLD REGIONS.

A New Arrival at the Gold Diggings.

WITH A DESCRIPTION OF

The Different Routes to California;

Information about the Country, and the Ancient and Modern Discoveries of Gold;

How to Test Precious Metals; Accounts of Gold Hunters;

TOGETHER WITH MUCH OTHER

Useful Reading for those going to California, or having Friends there.

ILLUSTRATED WITH MAPS AND ENGRAVINGS.

BOSTON:
PUBLISHED BY J. B. HALL, 66 CORNHILL.
For Sale at Skinner's Publication Rooms, 60½ Cornhill.

Price, 12½ cents.

Le *Central America*

(1857)

Depuis 1849, un nouvel Eldorado, appelé « Californie », s'est ouvert pour les aventuriers du monde entier. En effet, il ne se passe plus de jour sans que de nouveaux arrivants se lancent sur la piste des *placers* aurifères, à la recherche du magique métal jaune. À ceux à qui la chance de la « ruée vers l'or » a souri incombe la délicate tâche de ramener leurs précieux trésors en lingots, pièces, pépites ou poudre.

Le *Central America* est l'un des deux navires qui effectuent la navette entre New York et Panamá. D'une longueur de quatre-vingt-trois mètres, ce vapeur à roues, en bois, à trois ponts, jauge deux mille cent cinquante tonneaux. Deux mois avant son dernier voyage, il a été entièrement restauré et est devenu un petit paquebot luxueux que les chercheurs d'or apprécient d'autant plus que de charmantes jeunes femmes les aident à supporter, dans leurs salons privés, l'ennui du voyage. Le navire transporte à son bord cent trois hommes d'équipage et quatre cent soixante-dix-huit passagers.

Flambant neuf, on l'a débaptisé (ce qui porte paraît-il malheur) de son nom précédent, *George Law*. Il quitte Panamá le 3 septembre 1857, fait relâche à La Havane le 7 et, le jour suivant, part en direction de New York. Filant à dix nœuds, il parcourt cinq cents milles les deux premiers jours.

Ci-dessus: *Ville minière de Goldfield (Nevada). On y trouva de l'or pour la première fois en 1902.*

Prospecteurs d'or en Alaska (1901).

Dans la journée du 9 septembre, le vent se lève et, le matin du 10, les passagers réalisent qu'ils se trouvent pris dans une tempête terrible qui se transforme soudain en ouragan. L'eau s'infiltre partout et les deux soutes à charbon ne tardent pas à être inondées ainsi que les chambres des machines. Privé de propulsion, le Central America n'est plus qu'une épave dérivante. Tout le monde à bord se met à écoper l'eau qui s'engouffre dans les cabines avec des seaux, des cuvettes et toutes sortes de récipients. Malgré un comportement héroïque à la barre de son navire, le capitaine William Lewis Herndon doit se résoudre, à la tombée de la nuit, à lancer des fusées de détresse. Peu de temps après le lever du jour, la silhouette d'un brick se profile à l'horizon. C'est le Marine qui, par une habile et audacieuse manœuvre, réussit à se placer sous le vent du Central America. Alors que les chaloupes au vent sont arrachées et réduites en morceaux, trois chaloupes se trouvant sur le côté sous le vent sont descendues et l'on y entasse quarante-quatre hommes, trente femmes et vingt-six enfants qui peuvent être sauvés. Les marins doivent ramer deux heures et demie pour vaincre la force du vent et du courant afin d'aborder l'échelle de coupée du brick ! La plupart des chercheurs d'or se débarrassent de leurs lourdes ceintures et jettent leur or sur le pont ou à la mer. Certains, cependant, ne peuvent se résoudre à se séparer des fortunes qu'ils ont eu tant de mal à amasser durant leur vie de dur labeur… et préfèrent couler avec.

À huit heures du soir, le 12 septembre 1857, le Central America, après avoir donné deux fois de la bande, coule à pic, avec encore quatre cent cinquante personnes à bord. Parmi eux, seules cent cinquante-deux personnes réchappent au naufrage. Les autres sombrent avec le navire, certaines en essayant de sauver désespérément l'or qui leur appartient. Le capitaine, en grande tenue d'officier, coule avec son navire, dans la plus pure tradition de la marine. Seulement quarante-neuf naufragés, nageant dans l'eau glacée ou accrochés à des espars, peuvent être recueillis dans la nuit par l'Ellen, un trois-mâts norvégien. Trois autres rescapés, dérivant à bord d'un canot, sont sauvés neuf jours plus tard par le Mary, un brick écossais. Lorsque la nouvelle du drame arrive à New York, un krach financier s'ensuit et la bourse de Wall Street manque de s'effondrer : un million deux cent dix-neuf mille quatre-vingt-neuf dollars en pièces d'or, plus environ cinq tonnes de pépites et de poudre d'or viennent de disparaître ! Et on parle bientôt d'une cargaison secrète supplémentaire d'environ quinze tonnes d'or…

Le navire, vu la profondeur à laquelle il repose, semble perdu à jamais. Mais cent dix-huit ans plus tard, les progrès technologiques et scientifiques permettent d'envisager la récupération de sa cargaison.

En 1975, une société privée, la Columbus-America Discovery Group, entreprend de s'attaquer à la recherche de cette épave. Son directeur, Tommy Thompson, un jeune ingénieur américain génial, conçoit une procédure logistique de quantification des risques dans la localisation et l'exploitation des épaves abyssales. En 1982, plusieurs innovations dans le domaine de la robotique sous-marine, des sonars multifaisceaux et des fibres optiques, contribuent à l'avancement du projet.

Pages suivantes :
Naufrage du Central America *dans un ouragan, le 12 septembre 1857, au large de Cap Hatteras aux États-Unis.*

De 1984 à 1986, onze archivistes sont embauchés afin d'étudier plus de mille cinq cents documents écrits relatant le naufrage. Une analyse algorithmique est réalisée par ordinateur sur chaque détail concernant la route, la dérive, la force du vent... Ce travail permet l'élaboration d'une carte de zones à fortes probabilités.

En 1985, les fonds nécessaires sont réunis auprès de cent soixante et un épargnants privés, soit sept millions de dollars. Pendant tout l'été 1986, une recherche systématique de localisation est lancée à bord du *Navigator*, un dragueur remis à neuf et équipé d'un système de navigation et de positionnement dynamique ultrasophistiqué. Une superficie de deux mille deux cent quarante kilomètres carrés est prospectée à l'aide d'un sonar latéral. Après qu'une première épave, supposée être le *Central America*, a été localisée par deux mille sept cents mètres de fond, on envoie un ROV (*remote operated vehicle*) équipé d'une caméra vidéo pour effectuer des prélèvements.

C'est alors qu'un autre navire, suréquipé pour les recherches sous-marines en eaux profondes, apparaît soudain sur le radar du *Navigator*. À son bord se trouve Burt Webber, déjà connu comme étant le découvreur de l'épave supposée du *Nuestra Señora de la Concepción*, sur le Banc d'Argent. Une partie de bras de fer très serrée s'engage alors. L'équipe de Thompson doit absolument ramener un échantillon de la cargaison de l'épave détectée, afin de pouvoir apporter la preuve nécessaire à l'obtention de la concession. Il est convenu de remonter à la surface un boulet de charbon dont plusieurs tonnes étaient disséminées autour de l'épave. Ce serait une preuve idéale (même à seulement vingt dollars la tonne) qu'il s'agissait là d'un ancien vapeur.

Le 8 juillet 1987, un miracle va se produire : ayant remonté leur petit robot sous-marin et constaté avec regret que non seulement pas un seul boulet de charbon ne repose dans le collecteur mais qu'en plus, la pince s'est bloquée, l'un des techniciens est soudain attiré par quelque chose de noir et luisant, en équilibre sur le châssis du robot, et qui brille au soleil. C'est un morceau d'anthracite d'une quinzaine de centimètres de long recouvert de formes étranges laissées par des vers marins.

La course folle contre la montre continue : il faut, coûte que coûte, que cette « preuve » soit remise au plus vite au juge de Norfolk, à plus de cinq cents kilomètres de leur position. Le navire concurrent de Burt Webber tourne maintenant autour d'eux, comme un requin affamé.

Il leur est donc impossible de quitter les lieux. Une idée folle traverse soudain l'esprit de Thompson : pourquoi ne pas demander à l'un de ses amis, pilote d'hydravion, de venir cueillir au vol cet échantillon, un amerrissage étant impensable en raison des creux

Ci-dessous : *Couverture d'un recueil de partitions représentant le sauvetage des passagers du* Central America.

de la mer ? Aussitôt, un plan insensé est échafaudé : il s'agit d'accrocher le « vestige » à un ballon relié à un fil de Nylon, et de le faire happer par l'avion volant à très basse altitude... L'objet ainsi récupéré peut être déposé le lendemain matin, dès l'ouverture du greffe ! Les autorités judiciaires de Virginie reconnaissent légalement, pour la première fois de l'histoire, les droits d'une entreprise sur une découverte au fond de l'océan.

À la fin de l'été 1988, Thompson, n'étant pas sûr de travailler sur la bonne épave, décide d'en prospecter une autre, dont l'image transmise par le sonar ressemble davantage au profil du *Central America*. Un nouveau robot, spécialement conçu pour le projet, est envoyé au fond, équipé d'un appareil photo-stéréoscopique, d'une caméra couleur à trois dimensions et de deux sonars, tout cela dirigé par un puissant ordinateur. Le robot remonte quatre bouteilles et une assiette et l'analyse de la boue révèle des grains d'or. La cloche du bord sur laquelle est gravé le nom du navire est ensuite remontée. Avec l'assurance d'avoir enfin trouvé l'épave du *Central America*, la récupération du trésor se déroule sans trop de problèmes durant tout l'été 1989. « Un vrai conte de fées », dira Thompson. « L'épave est jonchée de pièces et de lingots d'or ! Du jamais-vu ! Jamais je n'aurais cru que cela pouvait être aussi extraordinaire ! »

À la fin de septembre 1989, trois tonnes d'or ont été arrachées du fond de la mer. Le chargement récupéré est estimé à quatre cent cinquante millions de dollars et les pièces de monnaie, qui venaient d'être frappées d'un motif où figuraient deux aigles, sont évaluées à environ huit mille dollars chacune ! Il y a aussi des pièces spécialement frappées pour les chercheurs d'or, et avidement recherchées aujourd'hui par les collectionneurs ainsi que plus de sept mille pièces provenant de l'Hôtel de la Monnaie de San Francisco, dont la production n'a commencé qu'en 1854. Parmi elles se trouvent les pièces en or « Liberty » de vingt dollars très recherchées. Le lingot « Eureka », pesant plus de vingt-six kilos, constitue la pièce la plus impressionnante des découvertes. Après avoir été exposé au California Historical Society Museum de San Francisco, en 2001, il est vendu finalement à un particulier pour huit millions de dollars !

Mais un coup dur va stopper le projet pour un long moment. La police fédérale ordonne la fin des opérations, car les Lloyds de Londres, ainsi que dix-neuf autres compagnies d'assurance, estiment être légalement propriétaires du trésor, pour en avoir dédommagé les titulaires de l'époque.

Au début du printemps 1996, chacune des parties ayant remis ses conclusions au juge fédéral de Norfolk, celui-ci conclut que toutes les compagnies d'assurance, sauf deux, ont couvert au moins une partie des pertes. La part revenant à la Columbus America Discovery Group est portée à quatre-vingt-douze pour cent ; les huit pour cent attribués aux assureurs ne leur seront versés qu'après déduction des frais engagés par la société. Cette dernière recevra, en outre, l'intégralité de l'or non enregistré transporté par les passagers, évalué à environ deux tonnes d'or, ainsi que l'or de la cargaison secrète, si elle est retrouvée. Thompson garde pour lui trente pour cent du profit total des ventes. L'exploitation de l'épave pourrait encore réserver de belles surprises...

LES NAVIRES MODERNES

Ayant glissé vers bâbord, la précieuse cargaison se trouve maintenant sous des centaines de tonnes de débris de ferraille tordue. Damant décide purement et simplement de couper l'épave en deux. Il fait installer de nombreuses charges d'explosifs et fait ensuite évacuer les amas de ferraille grâce à une grue.
Après six mois de travail titanesque, rien n'a encore été récupéré. Enfin, lorsque la dernière plaque d'acier est enlevée, les barres d'or apparaissent aux yeux des plongeurs. Une à une, les barres sont remontées et, en moins de six mois, cinq cent quarante-deux barres d'or s'entassent sur le pont du *Volunteer*.

Tourelle de plongée.

Le *Laurentic*

(1917)

Le plus gros trésor jamais repêché est sans conteste celui qui a été remonté de l'épave du *Laurentic*, un ancien paquebot de quinze mille tonnes de la compagnie White Star Line, reconverti en cargo. Jugez plutôt du résultat des fouilles :

- Près de quarante-trois tonnes d'or récupérées en trois mille cent quatre-vingt-six barres de treize kilos quatre chacune, pour une valeur actuelle d'environ six cents millions de dollars.
- Environ cent quatre-vingt mille dollars en or récupérés en une seule journée.
- Plus de quatre-vingt-dix-neuf pour cent du trésor récupéré.
- Un coût correspondant à seulement deux et demi pour cent de la rentabilité de l'opération.
- Plus de cinq mille plongées, étalées sur sept ans de travail.

La Première Guerre mondiale fait rage déjà depuis plus de trente mois et les navires anglais subissent les assauts répétés des sous-marins allemands qui déciment tous leurs navires. L'Angleterre manque cruellement de blé, de coton, d'acier, d'armes, de munitions, de chevaux, etc., mais les Allemands ont installé un blocus et il faut trouver un moyen de le percer, afin d'aller acheter aux États-Unis – pays neutre à l'époque – ces produits vitaux. La balance britannique aux États-Unis étant épuisée, il faut éviter à tout prix la chute de la livre sterling par rapport au dollar et donc envoyer de l'or, de façon massive. Déjà, des montants importants d'or ont été acheminés secrètement d'Angleterre mais, cette fois-ci, c'est un montant énorme que l'on s'apprête à envoyer. Le choix de la route par le nord de l'Irlande est finalement retenu et le capitaine Norton est désigné pour commander le navire, de Liverpool jusqu'à Halifax, en Nouvelle-Écosse. Les caisses d'or sont acheminées par chemin de fer jusqu'à Liverpool où elles sont chargées, dans le plus grand secret, dans la soute à bagages de deuxième classe du navire.

Le 25 février 1917, le *Laurentic* quitte Liverpool. Après avoir doublé la pointe nord-est de Malin Head, le navire se dirige vers la côte américaine. Une tempête providentielle donne l'espoir à l'équipage qu'aucun sous-marin ne viendra les inquiéter, mais c'est sans compter avec un autre danger : en effet, peu de temps auparavant, le sous-marin allemand *U-80* a largué des mines au large de la côte britannique. Le 25 janvier, à vingt secondes d'intervalle, deux terribles explosions ébranlent le navire. Celui-ci vient d'être frappé coup sur coup par deux mines sur son côté bâbord avant. Le *Laurentic*, touché à mort, prend rapidement de la gîte et coule en moins de quarante-cinq minutes, entraînant avec lui deux cent cinquante-quatre des sept cent quarante-cinq hommes d'équipage. La nouvelle est reçue en Angleterre comme un terrible désastre. Il est impératif, pour l'effort de guerre national, pour le Trésor britannique et pour le ravitaillement de la population, que ce trésor coulé par quarante mètres de fond soit récupéré dans les plus brefs délais.

À gauche : *Photographie du* Laurentic, *vers 1910.*

Ci-dessus : *Trafic sur la rivière Mersey à Liverpool. Affiche de publicité pour le développement du commerce dans l'Empire britannique, vers 1930.*

Les navires modernes

 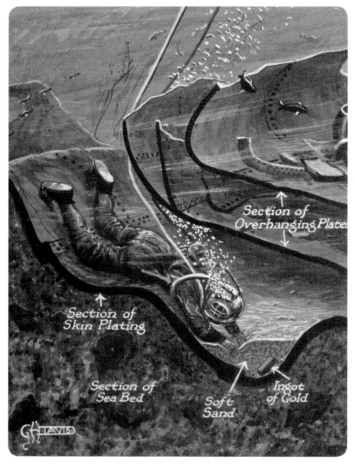

C'est au capitaine Guybon Damant qu'est confiée cette colossale mission, dont dépend le sort de la guerre. À trente-six ans, il figure déjà comme un vétéran de la plongée sous-marine, à laquelle il a été initié dès l'âge de vingt-quatre ans lors de ses cours à l'École d'artillerie navale. Durant ses douze années d'expérience comme scaphandrier, il a accumulé un certain nombre d'exploits. Le bateau de travail qu'on lui attribue, le *Volunteer*, est ridiculement petit mais Damant et son équipe de dix plongeurs s'en contentent. Ils commencent leurs recherches d'après les informations recueillies lors du naufrage, le *Laurentic* ayant donné sa position par radio peu avant de drame. Très rapidement, l'épave est localisée. Sa coque gît, inclinée à soixante degrés. Tels des acrobates, les plongeurs en scaphandre lourd doivent s'accrocher aux parois du navire, ou descendre la tête la première dans ses entrailles. Afin de se tailler un chemin vers la soute, où se trouvent les caisses contenant les barres d'or, les plongeurs doivent faire sauter à la dynamite plusieurs portes et grilles, durant quinze jours d'un travail harassant. Enfin, le chef plongeur Miller finit par ouvrir la porte de la chambre forte au burin et au marteau, et tombe sur la cargaison d'or. Il sort par l'écoutille de la soute à bagages une caisse pesant quarante kilos et l'amarre solidement à sa corde de secours.

Ci-dessus: *Péripéties durant la fouille de l'épave du* Laurentic.

À droite: *Carcasse de l'épave.*

C'est ainsi que, dans la faible lumière du crépuscule, la première caisse d'or est ouverte sur le pont du *Volunteer*, devant les visages ébahis de l'équipage. Au moment où les plongeurs commencent à sortir régulièrement les lingots dispersés dans la soute, une tempête se lève et le *Volunteer* doit aller se protéger dans une baie non loin. À leur retour, ils constatent que l'épave a glissé, et s'est enfoncée plus profondément dans le sable. Ayant coulé vers bâbord, la précieuse cargaison se trouve maintenant sous des centaines de tonnes de débris de ferraille tordue. Damant décide purement et simplement de couper l'épave en deux. Il fait installer de nombreuses charges d'explosifs et fait ensuite évacuer les amas de ferraille grâce à une grue. Après six mois de travail titanesque, rien n'a encore été récupéré. Enfin, lorsque la dernière plaque d'acier est enlevée, les barres d'or apparaissent aux yeux des plongeurs. Une à une, les barres sont remontées et, en moins de six mois, cinq cent quarante-deux barres d'or s'entassent sur le pont du *Volunteer*. C'est à ce moment que l'Amirauté britannique donne l'ordre au capitaine Damant de quitter le site de l'épave du *Laurentic*, afin de diriger une mission encore plus urgente : récupérer les codes secrets reposant dans les épaves de certains sous-marins allemands coulés.

En 1919, juste après l'armistice, Damant revient sur les lieux du naufrage, avec pratiquement la même équipe et à bord d'un navire mieux équipé, le *HMS Racer*. L'épave s'est complètement ensablée et il lui faut plusieurs semaines pour la dégager. Au bout de six mois de travail, son équipe compte trois cent quinze barres d'or supplémentaires. Finalement, le 20 août 1924, lorsqu'il décide d'arrêter ses recherches, Damant et son équipe ont repêché trois mille cent quatre-vingt-six des trois mille deux cent onze barres d'or transportées à bord du *Laurentic*. Ce record n'a jamais été battu !
Les vingt-cinq barres d'or restantes vont encore enflammer l'imagination de quelques chasseurs de trésors. En 1932, le commandant Rivers Mallet signe un permis pour la récupération de ces vingt-cinq barres, mais n'ayant qu'un petit remorqueur et un matériel trop simple, sans explosifs et sans engin de levage, il échoue. En 1934, il tente de nouveau sa chance avec un bateau mieux adapté et réussit à retrouver cinq barres. La dernière opération date de 1967, quand deux plongeurs irlandais se sont associés pour rechercher les vingt barres manquantes, soit deux cent soixante-huit kilos d'or, pour une valeur actuelle d'environ huit millions trois cent mille euros… mais ils ne les ont pas trouvées et elles reposent encore aujourd'hui dans la carcasse démantibulée du *Laurentic*…

Le *Laurentic*, touché à mort, prend rapidement de la gîte et coule en moins de quarante-cinq minutes, entraînant avec lui deux cent cinquante-quatre des sept cent quarante-cinq hommes d'équipage. La nouvelle est reçue en Angleterre comme un terrible désastre. Il est impératif, pour l'effort de guerre national, pour le Trésor britannique et pour le ravitaillement de la population, que ce trésor coulé par quarante mètres de fond soit récupéré dans les plus brefs délais.

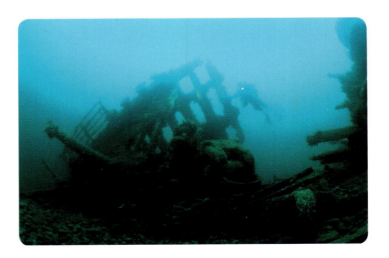

Les navires modernes 175

L'*Egypt*

(1922)

Le 19 mai 1922, l'*Egypt*, un paquebot de sept mille neuf cent quarante et un tonneaux de la Peninsula and Oriental Steal Navigation Company, quitte Londres pour Bombay. À bord, en plus d'un équipage de deux cent quatre-vingt-quatorze personnes, il y a quarante-huit passagers. Le navire est empli de marchandises diverses et de produits manufacturés ainsi que de quarante-trois tonnes d'argent (mille deux cent vingt-neuf lingots), quatre tonnes et demie d'or (mille quatre-vingt-neuf barres) et trente-cinq caisses de pièces d'or. Ce trésor est estimé à un million quatre-vingt-trois mille cinquante-sept livres or de l'époque.

Le lendemain, dans le milieu de l'après-midi, le navire traverse une brume épaisse. Le capitaine Andrew Collyer fait réduire la vitesse du navire et actionne sa sirène, afin de signaler sa présence. Presque aussitôt, une autre corne de brume lui répond. L'*Egypt* lui rend son appel et continue sa route. Peu de temps après, l'autre corne de brume se fait de nouveau entendre, mais cette fois beaucoup plus fort et le capitaine se rend soudain compte que l'autre navire fait route vers lui en sens inverse. Que faire ?
À peine le capitaine s'est-il posé la question que la masse d'un navire surgit par le travers de l'*Egypt* et, quelques secondes plus tard, c'est le choc de la collision. L'*Egypt* est abordé par son milieu bâbord. Le choc est terrible. Le navire qui l'a éperonné est un petit paquebot français de mille trois cent quatre-vingt-trois tonneaux, le *Seine*, équipé d'une proue renforcée, comme les brise-glaces. La blessure dans le flanc de l'*Egypt* est très profonde et le navire coule en moins de vingt minutes, avec toute sa cargaison. La panique s'empare des passagers et, dans l'affolement général, une mauvaise manœuvre des canots de sauvetage provoque la mort de plusieurs d'entre eux. Au total, quinze passagers et quatre-vingts membres d'équipage trouvent la mort, dont le jeune radio qui reste à son poste pour envoyer des SOS jusqu'à la fin.

L'épave repose à une profondeur de cent vingt mètres et, à l'époque, aucune récupération n'a jamais encore été tentée à une telle profondeur. Mais la Lloyds, qui assure le chargement et qui a indemnisé ses propriétaires, veut absolument rentrer dans ses fonds. Outre la profondeur, un autre problème se pose : la chambre forte de l'*Egypt* est un étroit couloir de sept mètres sur deux, situé au troisième pont bas, et donc très difficile d'accès.
C'est un ingénieur suédois, Peter Sandbergson, qui décide de relever le pari insensé. Il voit là le moyen de tester un nouveau matériel qu'il a mis au point. Il s'agit d'une tourelle, munie de hublots, qui peut contenir deux hommes. Mais son appareil n'étant pas tout à fait au point, il décide de s'associer avec un expert maritime français, Alain Terme, qui vient d'inventer un nouveau modèle de robot articulé en acier. Pendant l'été 1926, ils explorent les fonds, malheureusement en vain…

Ci-dessus : Carte postale datée d'octobre 1927 et représentant L'Egypt en route vers Bombay.

Ci-dessous : Scaphandrier travaillant sur l'épave de l'Egypt. Une du Petit Journal illustré en date du 19 septembre 1926.

À droite : Naufrage de l'Egypt.

C'est alors que la Lloyds est contactée par un industriel italien, le commandatore Quaglia, qui vient de créer la Societa Ricuperi Marittimi (Sorima), dont le chef scaphandrier, Gianni, a mis au point un nouveau scaphandre révolutionnaire, plus confortable et capable de tenir la pression des plongées à cent vingt mètres de profondeur. L'équipe se met à rechercher l'épave, utilisant mille procédés et instruments, du magnétomètre à la baguette de sourcier manipulée par un moine italien ! Finalement, le 30 août 1930, grâce à un câble traîné par deux navires, l'épave de l'*Egypt* est retrouvée. L'année suivante, l'équipe de la Sorima revient sur le site de l'épave, mais malheureusement amputée de plusieurs de ses membres, dont le fameux Gianni. Ces plongeurs ont été tués alors qu'ils faisaient sauter l'épave d'un navire américain rempli de munitions. L'explosion des charges a été beaucoup plus forte que prévu et une lame de fond les a entraînés. La nouvelle équipe place des charges explosives sur le navire grâce à un robot, dirigé depuis la surface. Cinq cents tonnes de ferraille sont dégagées grâce à cinq tonnes d'explosifs. Le premier lingot n'est remonté que le 22 juin 1932, soit dix ans après le naufrage du navire. Le travail va se poursuivre encore un an. Une fois, le grappin remonte d'un coup plus de cinquante-huit kilos d'or ! Au total, trente-six mille six cent quatre-vingt-treize livres sterling d'or et d'argent sont récupérées des flancs de l'*Egypt*, soit quatre-vingt-onze pour cent des souverains, quatre-vingt-dix-huit pour cent des lingots d'or et quatre-vingt-dix-sept pour cent des lingots d'argent.

Mais il reste encore au fond quatorze mille neuf cent vingt-neuf souverains, dix-sept barres d'or et trente lingots d'argent, qui n'ont pu être retrouvés... Un magot très alléchant.

Équipage de l'Artiglio de la société Sorima.

Le *Niagara*

(1940)

Le 18 juin 1940, le *Niagara*, paquebot mixte de treize mille quatre cent quinze tonnes, de la Canadian-Australian Line, quitte Auckland (Nouvelle-Zélande) pour Suva, Honolulu et Vancouver. Il y a à bord cent trente-six passagers et cent quatre-vingt-neuf hommes d'équipage. Il transporte la moitié du stock de munitions pour armes légères du contingent néo-zélandais et huit tonnes et demie de lingots d'or appartenant à la « Vieille Dame de Threadneedle Street », ou pour parler plus prosaïquement, à la Banque d'Angleterre. Cette cargaison d'or, estimée à deux millions et demi de livres sterling de l'époque, est rangée dans deux cent quatre-vingt-quinze caisses scellées, en pin.

Cet or est d'une grande importance car, au commencement de la guerre, les Américains sont encore assez réticents à livrer armes et munitions aux Alliés. Cet or vient des mines de la Rand (Afrique du Sud) et a transité par Johannesburg, Le Cap et Sydney, où a eu lieu le transbordement, dans le plus grand secret. Il doit servir à payer cash du matériel de guerre aux Américains, selon la loi « cash & carry ».

La paix règne dans cette partie du monde : Auckland est à douze mille milles de Londres et du blitz allemand. Et pourtant, sans attirer l'attention, un corsaire nazi s'est glissé dans le chenal qui conduit au golfe d'Hauraki et y a semé un nombre important de mines.

Le 19 juin 1940, à l'aube, une explosion terrible survient dans la cale numéro deux du *Niagara* et la proue du navire commence à s'enfoncer lentement dans les flots. Aucun signal d'alarme n'a été donné. Les passagers s'habillent en vitesse, sans montrer toutefois de signe de panique. L'ordre d'abandonner le navire est donné rapidement et son capitaine le quitte en dernier, les larmes aux yeux. Les paquebots *Wanganella* et *Kapiti* ont capté les SOS et se déroutent pour sauver les passagers et l'équipage.

L'épave du *Niagara* repose dans des eaux trop profondes et son sauvetage est déclaré « impossible » par la Royal Navy, ainsi que par la Royal New Zealand Navy.

Toutefois, une société australienne, la United Salvage Company, va relever le défi. Cette société est dirigée d'une main de fer par John Prothero Williams et animée par son chef plongeur, John « Johnno » Johnstone qui a fait inscrire sur sa carte de visite la mention : « *Diving, anywhere, any depth* ». Ne reculant pas devant la pingrerie de la Banque d'Angleterre, qui n'offre que deux pour cent et demi de la cargaison récupérée, la société décide de s'attaquer à ce projet complètement fou.

Photographie du Niagara.

Rescapés à bord d'un canot de sauvetage.

Ci-contre : *Le navire de recherche* Claymore.

Descente de la tourelle d'observation.

Ci-dessous : *Photographie de Johnno Johnstone.*

Équipés d'un simple échosondeur, ils commencent par quadriller la zone du naufrage, en notant scrupuleusement la nature des fonds et des courants. Sur un fond plat, ils détectent rapidement une structure de cent quatre-vingt-trois mètres de long et quarante-cinq mètres de large, correspondant à l'épave du *Niagara*. Ils décident alors de rééditer l'opération de l'*Egypt*, avec les mêmes méthodes et équipements. Malheureusement pour eux, il ne reste plus, en Nouvelle-Zélande, ni la moindre ancre, ni la moindre poulie. Tout a été réquisitionné pour l'effort de guerre. Ils en sont réduits à retaper un vieux caboteur en fer délabré, dont la chaudière est percée et auquel il manque une pale à l'hélice ; les oiseaux nichent dans la passerelle et l'herbe pousse entre les planches du pont. Avec une équipe de dix-huit hommes, Williams s'attaque à la rénovation de la vieille carcasse du bateau, enlevant la rouille, soudant, graissant, courant les chantiers de démolition à la recherche d'un vieux treuil, d'un câble, d'une chaîne… Ils font construire une tourelle d'observation de trois tonnes, en forme de champignon, avec quatorze hublots.

Le 15 décembre 1940, Williams commence à draguer le fond de la mer. De longues semaines, puis de longs mois s'écoulent, sans résultat…

Le 2 février 1941, le câble croche sur un obstacle dur. Une bouée est immédiatement arrimée à un grappin, mais le mauvais temps empêche toute plongée. Leur navire de recherche, le *Claymore*, s'embosse sur quatre ancres à l'aplomb du grappin. Johnno Johnstone entre dans la tourelle et se fait descendre. C'est alors qu'à une profondeur de cent trente-trois mètres, il découvre l'épave qui repose sur bâbord, entourée d'une masse de débris divers. Des trous dans la coque, avec les tôles repoussées vers l'intérieur, indiquent clairement que c'est non pas une mine, comme on l'avait cru d'abord, mais deux mines que le navire a rencontrées. Soudain, un câble de mouillage rompt et la tourelle est jetée violemment contre le flanc de l'épave, rebondit et termine sa course dans la vase, à côté de l'épave. On remonte le treuil lentement, il se tend, au soulagement de chacun, et la tourelle peut être remontée à bord. Johnstone, le front en sang, est extirpé de la tourelle.

La pêche miraculeuse des lingots d'or.

Il confirme que l'épave du *Niagara* gît sur un fond vaseux, avec une gîte de soixante-dix degrés quasiment intacte ! Le dynamitage de l'épave commence de façon systématique. Durant les quatre mois que dure l'opération, la tourelle se coince plusieurs fois dans les tôles déchiquetées de l'épave et on réussit à chaque fois par miracle à la dégager. Jusqu'au jour où, enfin, une première caisse contenant deux lingots d'or de treize kilos, de trente centimètres sur dix, peut être remontée. À la fin du mois, quinze caisses ont été récupérées. En novembre, Johnstone parvient à en extraire quarante-six en une seule journée, deux cent quarante-six pour le mois !

Un camion blindé de la Banque de Nouvelle-Zélande attend maintenant, chaque mois, l'arrivée du navire qui décharge ses trouvailles. En huit mois, les plongeurs ont réussi à percer à la gélignite un accès vers la chambre forte, à huit mètres dans les entrailles de l'épave. Au total, quatre-vingt-quatorze pour cent des lingots, représentant deux millions trois cent quatre-vingt-dix-sept mille livres, sont remontés.

En avril 1953, Johnno Johnstone et son équipe retournent sur l'épave où ils ont laissé trente-cinq lingots. En trois mois, ils en récupèrent trente-deux. On raconte que les trois barres manquantes auraient été récupérées, en 1962, par des plongeurs à saturation…

Les navires modernes

L'*Edinburgh*

(1942)

Le 22 juin 1941, cent vingt-neuf ans presque jour pour jour après la traversée du fleuve Niemen par les troupes de Napoléon I*er*, les chars de l'armée allemande envahissent les territoires russes, rompant ainsi le pacte de non-agression entre l'Allemagne et la Russie. C'est l'opération Barberousse. Très vite, l'armée soviétique est débordée et, le 26 septembre, Kiev est encerclée. Staline demande alors au président américain Roosevelt une aide logistique. Roosevelt envoie à son allié des avions de chasse, des bombardiers, des chars, des canons… Cet appui logistique permet aux Russes de redresser une situation qui paraissait critique quelques mois auparavant. Tous ces approvisionnements passent par Mourmansk, un port soviétique sur la mer de Barents qui n'a jamais été occupé par les Allemands, malgré l'acharnement de l'aviation allemande et des sous-marins U-Boots. En dépit des pertes énormes, les Alliés parviennent à maintenir un trafic maritime qui permet de ravitailler le front russe. Plus de quinze millions de tonnes de matériel peuvent ainsi transiter par ce port, entre 1941 et 1945. Autre danger de cette route par le nord : le froid. En effet, la glace, recouvrant très rapidement les infrastructures des navires, forme des masses de glace qui mettent en péril l'équilibre des navires. Pour les hommes tombés à la mer, c'est la mort certaine ! Roosevelt a accordé un crédit d'un milliard de dollars et Staline a accepté un règlement échelonné, payable en lingots d'or. Il faut donc trouver des navires pour les transporter.

À gauche : *Affiche britannique représentant des navires britanniques escortés par les chasseurs soviétiques dans le port de Mourmansk.*

Ci-dessous : *Un convoi anglo-américain chargé d'apporter du matériel de guerre à la Russie. Huile sur toile de Charles Pears (1873-1958), vers 1944.*

L'Edinburgh, *avant et après son torpillage.*

Le 29 avril 1942, le *HMS Edinburgh* quitte Mourmansk pour escorter un convoi qui revient d'Angleterre. Navire de dix mille tonneaux, il transporte à son bord huit cent cinquante hommes, et dans ses cales quatre-vingt-treize caisses qui contiennent quatre tonnes et demie d'or, représentant le paiement de la dernière fourniture des Américains.

Le 30 avril, l'*Edinburgh*, naviguant en mer de Barents, est repéré par un sous-marin U-boot allemand. Il est touché par une première torpille allemande sur son côté tribord, tuant de nombreux hommes, et par une seconde, sur son arrière, quelques minutes plus tard. Une troisième torpille manque sa cible.

Le 2 mai, trois destroyers allemands s'acharnent sur l'*Edinburgh* ingouvernable, tuant cinquante-sept hommes. Il est décidé de couler rapidement le navire, afin de soustraire son chargement d'or aux ennemis. Le capitaine décide d'abandonner le navire et est recueilli par les destroyers britanniques, venus en secours.

Bien que reposant par deux cent quarante-cinq mètres de fond, l'épave de l'*Edinburgh* n'a pas été oubliée et, en 1954, le gouvernement britannique décide d'envoyer une société de sauvetage, la Risdon Beazley Ltd., à la recherche de la cargaison. D'autres interventions plus urgentes étant passées en priorité, on oublie l'*Edinburgh* jusqu'à la fin des années 1970, quand le gouvernement britannique s'intéresse de nouveau à l'épave.

Il fait appel à Jessop Marine Ltd., une société spécialisée dans le repêchage des épaves en eaux profondes, qui emploie une méthode de découpage assez délicate, au lieu d'utiliser des explosifs.

Jessop Marine demande quarante-cinq pour cent des trouvailles, à partager avec les partenaires du consortium: lui-même, la société Two W, Decca et la société propriétaire du navire de recherche, les gouvernement anglais et russe se répartissant les cinquante-cinq pour cent restants.

En avril 1981, le navire de localisation *Dammtor* part pour la mer de Barents. La recherche dure dix jours seulement et l'épave est localisée à soixante-douze degrés nord et trente-cinq degrés est. Un ROV (*remotely operated vehicule*) est descendu sur l'épave pour la filmer. L'*Edinburgh* semble en remarquable condition, si l'on considère le drame qu'il a vécu. Pendant trois mois, les dirigeants de la Two W interrogent de nombreux rescapés du naufrage.

Le 30 août de la même année, le navire *Stephaniturm* quitte l'Écosse pour se rendre sur le lieu du naufrage. C'est la première fois que des plongeurs vont travailler à une telle profondeur et pendant si longtemps. Ils vont devoir rester dans une chambre spéciale pendant des semaines, en respirant un mélange d'hélium et d'oxygène. Ils travaillent sur la base « *no cure, no pay* », ce qui veut dire que s'ils ne récupèrent pas l'or, ils ne sont pas payés. Durant deux semaines, les plongeurs pénètrent dans les entrailles du navire, opération extrêmement périlleuse, en raison du nombre important de munitions qui les entourent. La plongée à saturation coûte très chère et ne permet pas de pouvoir rester plus d'un mois. Il leur faut faire vite.

Le premier lingot est trouvé le 16 septembre 1981. À partir de ce jour, la récolte est prodigieuse. Certains jours, on remonte plus de deux cents kilos d'or, quelquefois dans des caisses encore intactes. Lorsque, le 7 octobre, les plongeurs décident d'arrêter leurs travaux pour cause de mauvais temps, quatre cent trente et une barres sur quatre cent soixante-cinq ont été récupérées, soit un total de quarante-trois millions de livres sterling ! Quelque temps plus tard, on apprendra que des plongeurs de la société Two W ont plongé à nouveau sur l'épave de l'*Edinburgh* et ont remonté les trente-quatre lingots manquants ! Certains affirment que la totalité du chargement d'or a été récupérée, mais d'autres, comme Keith Jessop, maintiennent qu'il reste encore quatre tonnes et demie à retrouver...

Le bonheur, en somme, c'est de

De nombreuses autres découvertes de trésors terrestres et sous-marins vont être effectuées dans les années à venir, et à un rythme croissant, vu l'évolution permanente des technologies de prospection et de récupération

Parmi tous les trésors encore à découvrir, il en existe certains dont l'histoire oscille entre légende et réalité. Pour les trésors terrestres, c'est le cas du trésor des Cathares qui, en 1244, après le siège du château de Montségur, dans l'Ariège, cachent de grandes quantités d'or, d'argent et de pierres précieuses. C'est le cas du trésor des Jésuites qui, en 1767, cachent d'énormes quantités d'or et d'argent dans les mines secrètes qu'ils exploitaient en Amérique du Sud. C'est, enfin, le cas du trésor de Louis XVI qui, en 1790, dissimule de grandes quantités d'or, de bijoux, de diamants et de monnaies en or et en argent, ainsi que des assignats, pour une valeur de plusieurs millions de livres de l'époque.

Pour les trésors sous-marins, c'est le cas de la *Lutine*, navire anglais qui sombre, en 1799, au large de la côte hollandaise et qui renfermerait, en plus de la solde pour les troupes en garnison à l'île Texel, mille barres d'or et cinq cents barres d'argent. La cloche de cette épave a été récupérée. Au bureau des Lloyds de Londres, c'est elle qui annonce par un tintement lugubre la perte d'un navire infortuné, et par deux tintements clairs le retour au port d'un navire en retard. C'est le cas du *De Braak*, qui coule en 1798 au large de la côte du Delaware, et qui contiendrait dans ses cales les trésors, en barres d'or et d'argent, récupérés sur sept galions espagnols. C'est le cas du *Santa Cecilia*, galion espagnol qui coule en 1702 sur la côte de l'île Juan Fernández et qui recèlerait une cargaison en argenterie et lingots d'argent venant des riches mines de Potosí, en Bolivie, ainsi que de nombreux coffres de bijoux. C'est sur cette île du Pacifique que fut abandonné le marin Alexander Selkirk, qui y vécut en solitaire durant plus de quatre ans, avant d'être recueilli. Son histoire inspira Daniel Defoe pour son célèbre roman *Robinson Crusoé*.

C'est le cas de la *Santa Rosa*, caraque portugaise qui coule, en 1790, au large du cap San Agustino, au Brésil, avec un trésor de vingt-six tonnes d'or, du *Télémaque*,

À droite : *Château cathare de Montségur, en Ariège.*

Ci-contre : *La flotte britannique attaque le bastion espagnol de La Havane, le 1er juillet 1862. Huile sur toile de Rafael Monléon y Torres (1873).*

pouvoir réaliser ses rêves d'enfance

frégate française qui coule, en 1790, dans l'embouchure de la Seine et qui aurait transporté les bijoux de la reine Marie-Antoinette, en particulier une rivière de diamants, rubis et émeraudes d'une valeur inestimable, ou du *Todos Santos*, galion espagnol qui coule, en 1799, au large du Pérou avec plusieurs centaines de tonnes de barres d'or et d'argent. C'est le cas du *Golden Hinde*, galion espagnol, naufragé le 4 juillet 1501 devant le cap Engaño, à la pointe est de la République dominicaine, avec une grosse quantité de minerai d'or et d'argent et à son bord la plus grosse pépite existant alors.

Il y a aussi l'histoire de la frégate anglaise *Anson* qui coule, en 1807, au large de la Cornouailles, avec à son bord toute la solde de la flotte britannique de l'Atlantique, ou celle, enfin, du *Verels*, navire anglais de la Compagnie des Indes, qui sombre, en 1771, au nord-est de l'île Maurice, avec à son bord trois cents kilos de diamants.

Je pourrais poursuivre indéfiniment mon récit, tant la liste est longue et vertigineuse !

Il existe dans le monde d'inestimables fortunes terrestres et sous-marines, cela ne peut être nié. Or il est possible, lors de recherches de trésors, de concilier l'aspect financier avec l'aspect scientifique.

Comme la « ruée vers l'or » qui a fait rêver des millions d'hommes au XIXe siècle, la recherche des trésors peut dégager d'importants profits. Ceux-ci proviennent non seulement de la vente (après partage avec le gouvernement local et préemption des vestiges présentant un aspect unique pour son patrimoine national) des vestiges découverts aux musées, aux collectionneurs et au grand public, mais aussi des expositions, du merchandising, de la médiatisation et du sponsoring.

Il y a quelques années, seule une élite de gens richissimes pouvait investir dans cette activité. De nos jours, et c'est l'intérêt majeur de ce type d'investissement, tout le monde peut y participer, en fonction de ses moyens.

Tout investisseur voulant s'acheter une part de rêve peut acquérir des actions d'une société organisant une campagne de recherche de trésors terrestres ou sous-marins.

À force de passion et de ténacité, on peut encore aujourd'hui réaliser ses rêves en vivant hors des sentiers battus. L'aventure est à la portée de tous et chacun peut l'adapter à sa mesure. Bien sûr, il faut accepter de prendre des risques, être capable de tout quitter du jour au lendemain pour essayer de vivre plus intensément.

Plaise à Dieu, d'innombrables trésors demeurent encore enfouis ou engloutis ; ils représentent une part des rêves de l'humanité. Car, en effet, les hommes seraient en proie à une grande détresse s'ils n'avaient, pour égayer leur vie, le refuge inexpugnable du rêve.

Les vingt plus grands trésors

Épave du *Hartwell*
(îles du Cap Vert) – 1787

▶ Six tonnes d'argent et des bijoux.

Épave de la *Cinque Chagas*
(Açores) – 1594

▶ Importante cargaison d'or, d'argent, de rubis, de diamants et de perles.

Baie de Vigo
(Espagne) – 1702

▶ Grosse quantité d'or et d'argent.

Épave du *Florencia*
(Irlande) – 1588

▶ Importantes richesses en or, bijoux et monnaies.

Trésor de Lobenguela
(Mozambique) – 1893

▶ Nombreuses pièces d'or, ivoire et diamants.

Épave du *Soleil d'Orient*
(Madagascar) – 1681

▶ Soixante caisses de présents royaux du roi de Siam pour le roi Louis XIV, le pape et les grands du royaume de France. Nombreux objets en or et en argent. Porcelaines de Chine et du Japon.

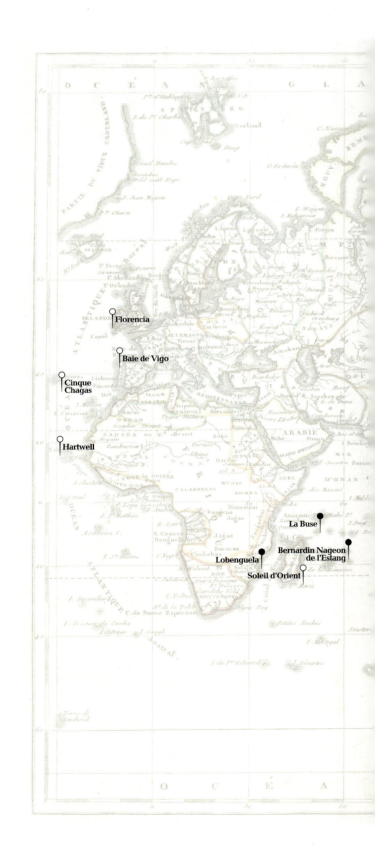

(encore) à découvrir

(classement par zones géographiques)

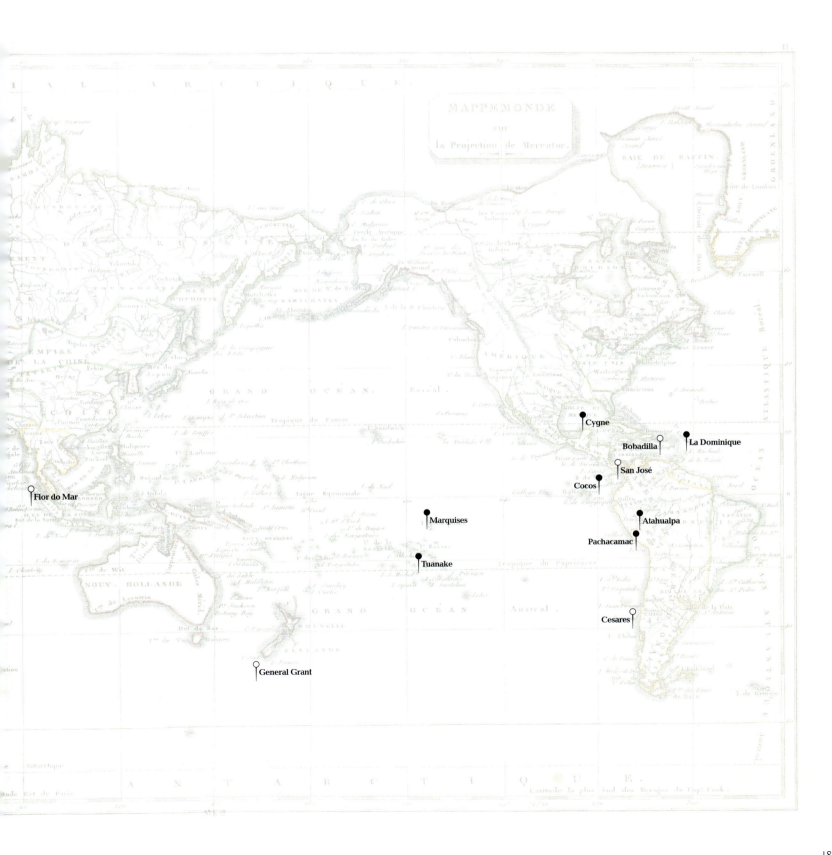

Trésor d'Olivier Le Vasseur, alias La Buse

(Seychelles) – 1721

▶ Grosses quantités de diamants, rubis, émeraudes, saphirs, bijoux, perles, barres d'or et d'argent, vases sacrés.

Trésor de Bernardin Nageon de l'Estang

(Maurice) – 1799

▶ Trois barriques en fer et des jarres pleines de doublons et de lingots, ainsi que des diamants.

Épave du *Flor do Mar*

(Indonésie) – 1511

▶ Vingt tonnes d'or, deux cents caisses de diamants et autres pierres précieuses, bijoux. Palanquins plaqués d'or fin, une table avec des pieds en or massif et le trône de la reine de Malacca incrusté de pierres précieuses. Quatre lions en or massif aux yeux, dents et griffes sertis de pierres précieuses…

Épave du *General Grant*

(Nouvelle-Zélande) – 1866

▶ Neuf tonnes d'or.

Trésor de l'île de Tuanake

(Tuamotu – Polynésie) – 1850

▶ Dix-sept tonnes d'or en lingots. Nombreux bijoux et objets du culte.

Trésors des îles Marquises

(Polynésie) – fin XVIIIe siècle

▶ Nombreux objets incas en or, doublons, pierres précieuses et objets du culte.

Épave du *Cesares*

(Chili) – 1751

▶ Cinq tonnes de plaques de temples en or massif.

Trésor de Pachacamac

(Pérou) – 1533

▶ Plusieurs tonnes d'or et d'argent.

Trésor de l'empereur Atahualpa

(Pérou) – 1533

▶ Six cent quatre-vingt-dix tonnes d'or pur. Une énorme chaîne en or massif qui faisait le tour de la place de Cuzco. Un énorme soleil d'or poli, incrusté d'émeraudes et autres pierres précieuses. Un panneau d'or de dix-huit mètres de diamètre. Une chaîne en or de onze mètres de long…

Trésor de l'île des Cocos

(Costa Rica) – XIXe siècle

▶ Plusieurs tonnes d'or et d'argent déposés par de nombreux pirates.
▶ Sept tonnes d'or déposées par le pirate Bonito Benitez en 1818.
▶ Trésor volé à Lima par le pirate William Thompson

en 1821 : « vingt-quatre caisses contenant garnitures de draps d'or, ciboires, calices, reliquaires en or de cent vingt livres, six cent cinquante-quatre topazes, cornalines et émeraudes, trente et un diamants, huit cent soixante rubis, quatre mille doublons d'Espagne, cinq mille couronnes du Mexique, cent vingt-quatre épées, soixante-quatre dagues, cent vingt baudriers, vingt-huit rondaches, huit coffrets en cèdre et argent, trois mille huit cent quarante pierres taillées, anneaux et patènes, quatre mille deux cent soixante-cinq pierres brutes, vingt-deux candélabres en or et argent, pesant deux cent cinquante livres, avec cent soixante-quatre rubis par pied, ainsi que deux statues de la Vierge Marie avec l'enfant Jésus, en or massif, grandeur nature, avec dessus mille six cent quatre-vingt-quatre pierres dont trois émeraudes de quatre pouces au pectoral, six topazes de six pouces à la couronne et six croix en diamants ».

Épave du *San José*

(Colombie) – 1708

▶ Cent seize coffres d'émeraudes, sept à douze millions de pesos en or et en argent.

Trésor de l'île du Cygne

(Honduras) – 1605

▶ Cinq cent cinquante barres d'argent pesant trente-huit kilos chacune. Deux cent quatre-vingt mille pièces de monnaie en argent. Trente-sept barres d'or de trente centimètres sur cinq centimètres, d'un poids de cinq kilos, trois cent cinquante lingots d'or de deux kilos et trois planchons d'or de quarante-six kilos. Cinquante-deux pierres précieuses, dont la plupart montées sur des bijoux de grande valeur et trois grandes chaînes d'or de grand poids.

Épave de Bobadilla

(Saint-Domingue) – 1502

▶ Grosse quantité d'or (en particulier une pépite de trente-cinq livres et une table en or massif de trois mille trois cent dix livres).

Trésor de l'île de La Dominique

(Antilles) – 1563

▶ Un tas de lingots d'argent aussi haut qu' « un homme à cheval ».

Crédits iconographiques

Couverture : © Ravenna/Leemage ; p. 4-5 : © RMN / Gérard Blot ; p. 6 : © Sylvie Ruau / Erick Surcouf ; p. 8-9 : © National Geographic Society/Corbis ; p. 10 : © akg-images / Nimatallah ; p. 11 : © The Granger Collection NYC/Rue des Archives ; p. 12 : © IMAGNO/Austrian Archives ; p. 13 : en haut : © Ullstein Bild / Roger-Viollet, en bas : © BnF ; p. 14 : en haut : Bridgeman/Giraudon, en bas : © Ullstein Bild-AKG Pressebild ; p. 15 : © Iberfoto/ Photoaisa/ Roger-Viollet ; p. 17 : © Iberfoto / Photoaisa / Roger-Viollet ; p. 18 : en haut et en bas : © akg-images ; p. 19 : © Roger-Viollet ; p. 20 : © BnF ; p. 22 : © Fototeca/Leemage ; p. 23 : © Bridgeman/Giraudon ; p. 24 : © Archivo Oronoz ; p. 25 : © Aisa/Leemage ; p. 26 : © Aisa/Leemage ; p. 27 : à gauche : © Bridgeman/Archives Charmet, à droite : © Rue des Archives/Tal, en bas : © BnF/Louis de Bruges/librairie de Blois ; p. 28 : © Getty Images ; p. 29 : en haut : © ministère de la Culture-Médiathèque du Patrimoine, Dits. RMN / Gustave William Lemaire, en bas : © RMN / Agence Bulloz ; p. 31 : à gauche et à droite : © RMN / Gérard Blot ; p. 33 : © ministère de la Culture-Médiathèque du Patrimoine, Dits. RMN / Médéric Mieusement ; p. 34-35 : © Costa/Leemage ; p. 36 : à gauche : © Foto Art Media/Heritage Images/Scala, Florence, à droite : © The Granger Collection NYC/Rue des Archives ; p. 37 en haut : © Bridgeman /The Stapleton Collection, en bas : © North Wind Pictures/Leemage ; p. 38 : en haut : © Bridgeman /Look and Learn, en bas : © Photo RMN-Photographe inconnu ; p. 42 : © Bridgeman /Look and Learn ; p. 43 : © Album / Oronoz / AKG ; p. 45 : © Bridgeman /Look and Learn ; p. 46 : © Gusman/Leemage ; p. 48 : à gauche et à droite : © Gusman/Leemage ; p. 49 : en haut : © Gusman/Leemage, en bas : © Bridgeman/Giraudon ; p. 50 : en haut et au milieu : © Roger-Viollet, en bas : © Gusman/Leemage ; p. 51 : © Roger-Viollet ; p. 53 : © Costa/Leemage ; p. 54 : à gauche : © Suddeutsche Zeitung/Rue des Archives, à droite : © Rue des Archives/PVDE ; p. 55 : © Heritage Images/Leemage ; p. 56 : © Leemage ; p. 57 : à gauche : © Collection Dagli Orti / musée du Caire, au milieu : © Aisa/Leemage, à droite : © akg-images / François Guénet ; p. 58 : © Collection Kharbine-Tapabor ; p. 59 : en haut : © akg-images / François Guénet, en bas : © akg-images / Dr. E. Strouhal ; p. 60 : © akg-images / François Guénet ; p. 61 : © Griffith Institute, université d'Oxford ; p. 62 : © TopFoto / Roger-Viollet ; p. 65 : © The Granger Collection NYC/Rue des Archives ; p. 66 : © Photo RMN (Château de Versailles) / Gérard Blot ; p. 67 : en haut : © Iberfoto / Photoaisa / Roger-Viollet, en bas : © Bettmann/ CORBIS ; p. 68 : © Getty Images ; p. 70 : en haut et en bas : © Historical Picture Archive/CORBIS ; p. 71 : en haut : © Rue des Archives/PVDE, en bas : © Autorisation du Cecil Beaton Studio Archive de Sotheby's ; p. 72 : © Popperfoto/Getty Images ; p. 73 : en haut : © Popperfoto/Getty Images, en bas : © adoc-photos© Bettmann/CORBIS ; p.76 : en haut : © AP/SIPA, en bas : © National Archives/Getty Images/AFP ; p. 77 : à gauche : © Ullstein Bild / Roger-Viollet, à droite : © Mary Evans/Rue des Archives ; p. 78 : © Staatsgalerie Stuttgart © Photo: Staatsgalerie Stuttgart ; p. 80 : © Time & Life Pictures/Getty Images ; p. 81 : © AP/SIPA ; p. 82-83 : © Photo Josse/Leemage ; p. 85 : © Album / Oronoz / AKG ; p. 86 : en haut : © NMM/Rue des Archives, en bas : © Bridgeman/Giraudon ; p. 87 : © Iberfoto / Photoaisa / Roger-Viollet ; p. 88 : © Raffael/Leemage ; p. 89 : © North Wind Pictures/ Leemage ; p. 90 : © Bridgeman/Look and Learn ; p. 91 : en haut : © Getty Images / Kenneth Riley, les 4 autres images du bas : © National Museums Northern Ireland/Collection Ulster Museum ; p. 92 : © BnF ; p. 93 : © BnF ; p. 94 : © 1c-carte mel fisher ; p. 95 : en haut : © Jeffrey L. Rotman/CORBIS, en bas : © Bettmann/CORBIS ; p. 96 : en haut : © The Granger Collection NYC/Rue des Archives, en bas : © Don Kincaid, Key West, Floride ; p. 97 : BnF ; p. 98 : © Korpa/Rue des Archives ; p. 101 : © BnF ; p. 103 : © The Granger Collection NYC/Rue des Archives ; p. 104 : © MP/Leemage ; p. 106 : en haut : © Getty Images / Jonathan Blair, en bas : Robert Marx ; p. 107 : © Ravenna/Leemage ; p. 109 : © BnF ; p. 110 : en haut et en bas : © Jeffrey L. Rotman/CORBIS ; p. 111 : © Getty Images /Time & Life Pictures ; p. 112 : Ken Welsh/Bridgman ; p. 113 : les 2 pièces : © National Maritime Museum, Greenwich, Londres ; p. 114-115 : BnF ; p. 116 : © National Maritime Museum, Greenwich, Londres, Caird Collection ; p. 117 : © Costa/Leemage ; p. 118 : © Costa/Leemage ; p. 119 : © Gusman/Leemage ; p. 120 : © North Wind Pictures/Leemage ; p. 121 : © National Maritime Museum, Greenwich, Londres ; p.122 : © National Maritime Museum, Greenwich, Londres ; p. 123 : © Mike Agliolo/Corbis ; p. 124 : © Luisa Ricciarini/Leemage ; p. 126 : en haut et en bas : Photo Josse/Leemage ; p. 127 : en haut : © Collection Dagli Orti / British Library, en bas : propriété de l'académie des Sciences de Lisbonne ; p. 128 : © Photo Josse/Leemage ; p. 129 : en haut : © National Maritime Museum, Greenwich, Londres, en bas : © Photo Pierpont Morgan Library/Art Resource/Scala, Florence ; p. 130 : © BnF ; p. 131 : © Bridgeman/Christian Larrieu ; p. 132-133 : © Fototeca/Leemage ; p. 135 : © RMN / Philippe Bernard ; p.136 : © musée national de la Marine/P. Dantec Coll./Archives nationales ; p. 137 : © National Maritime Museum, Greenwich, Londres ; p. 138 : © Fototeca/Leemage ; p. 139 : © Yves Gladu ; p. 140 : © National Maritime Museum, Greenwich, Londres ; p. 142 : © National Maritime Museum, Greenwich, UK ; p. 142-143 : © BnF ; p. 144 : en haut : © National Maritime Museum, Greenwich, UK, en bas : BnF ; p. 145 : © National Maritime Museum, Greenwich, UK, Michael Graham-Stewart Slavery Collection. Avec l'aide de The Heritage Lottery Fund ; p. 147 : © Collection Dagli Orti / Victoria and Albert Museum, Londres / Sally Chappell ; p. 149 : © RMN / Jean-Gilles Berizzi ; p. 150-151 : © BnF ; p. 151 : en bas : © Yvon Boëlle / musée de la Compagnie des Indes, ville de Lorient : ML 128, le Soleil d'Orient, maquette au 1/50, Jean Delouche ; p. 152 : © RMN (château de Versailles) / Franck Raux ; p. 153 : © Photo Josse/Leemage ; p. 154 : © musée national de la Marine / P. Dantec ; p.156 : en haut : © Rue des Archives/Tal, les 4 images du bas : © MBA, Rennes, Dist. RMN / Jean-Manuel Salingue ; p. 157 : en haut : © BnF / Réserve, les 4 images du bas : © MBA, Rennes, Dist. RMN / Jean-Manuel Salingue ; p. 158 : les 4 images : © Michael Flecker ; p. 160 : en haut : © BnF, en bas : National Maritime Museum, Greenwich, Londres ; p. 163 : © Bettmann/CORBIS ; p. 164 : en haut et en bas : © Bettmann/CORBIS ; p. 166-167 : © National Maritime Museum, Greenwich/Leemage ; p. 168 : © Library of Congress/LC-USZC4-8223 ; p. 170 : © David Scott ; p. 172 : en haut : © Leigh Bishop, en bas : © Costa/Leemage ; p. 173 : © Heritage Images/Leemage ; p. 174 : © Avec l'aimable autorisation des Syndics of Cambridge University Library ; p. 175 : © Leigh Bishop ; p. 176 : en haut : © P&O Heritage Collection, en bas : Lee/Leemage ; p. 177 : © Costa/Leemage ; p. 178 : les 2 images : © David Scott ; p. 179 : les 2 images : © SeaROV Technologies Ltd ; p. 180 : à gauche : © Voyager New Zealand Maritime Museum, à droite et en bas : © SeaROV Technologies Ltd ; p. 181 : © SeaROV Technologies Ltd ; p. 182 : © Heritage Images / Roger-Viollet ; p. 183 : © National Maritime Museum, Greenwich, Londres ; p. 184 : en haut : © National Museum of the Royal Navy, en bas : © David P./Peter Swarbrick / www.navyphotos.co.uk ; p. 186 : © Iberfoto / Photoaisa / Roger-Viollet ; p. 187 : © Gusman/Leemage ; p. 188-189 : © RMN / Gérard Blot.

Conception et réalisation graphiques : Gwenaël Le Cossec
Photogravure : Bussière
Numéro d'édition : L.01EBNN000211
Achevé d'imprimer : en août 2011 par Toppan (Chine)
Dépôt légal : octobre 2011